OPRACOWANIE

JERZY DAŁEK
TERESA ŚWIEBOCKA

GRAFIKA
TADEUSZ GRABOWSKI

PAŃSTWOWE MUZEUM
W OŚWIĘCIMIU

KRAJOWA AGENCJA
WYDAWNICZA
KATOWICE 1989

*twórczość
plastyczna
więźniów
obozu
oświęcimskiego*

CIERPIENIE
I NADZIEJA

od redakcji

Państwowe Muzeum w Oświęcimiu i Krajowa Agencja Wydawnicza oddają w ręce Czytelników album zawierający prace artystyczne, które w latach 1940–1945 wykonali więźniowie obozu oświęcimskiego. Celem publikacji jest zapoznanie Czytelnika ze stosunkowo mało znaną działalnością ludzi osadzonych za drutami tego największego hitlerowskiego obozu śmierci.

Nie znamy i nigdy nie poznamy wszystkich prac, które powstały w tamtych latach. Wiele z nich zaginęło lub zostało zniszczonych w obozie oraz w trakcie ewakuacji. Niektóre zapewne są do dzisiejszego dnia w prywatnych rękach, nierzadko jako ostatnie pamiątki rodzinne. Największy ich zbiór znajduje się w Państwowym Muzeum w Oświęcimiu. Stąd też pochodzą prezentowane w albumie obrazy, grafiki, rzeźby, przedmioty użytkowe.

Autorzy albumu stanęli przed trudnym problemem dokonania selekcji i wybrania spośród olbrzymiego zespołu prac tych, które prezentują możliwie wielu autorów i różne rodzaje twórczości. Starano się przedstawić wszystkie aspekty obozowej rzeczywistości. Wybrano dzieła najbardziej dojrzałe. Obok artystów profesjonalnych zamieszczono także dorobek amatorów, którego walory artystyczne są być może mniejsze, ale jego znaczenie jako dokumentu historii jest niepodważalne. Wśród prezentowanych prac jest też kilka, które co prawda powstały poza KL Auschwitz, ale ich twórcami byli więźniowie, a tematyką przeżycia obozowe.

Materiał ilustracyjny podzielony został na trzy zasadnicze grupy, prezentujące kolejno: obóz i panujące w nim warunki, portrety i sylwetki więźniów oraz prace wyrażające tęsknotę za wolnością i normalnym, ludzkim życiem. Aneksy obejmują noty biograficzne twórców, a także – w części katalogowej – zwięzłe informacje o więźniach, których portrety udało się zidentyfikować. Objętość poszczególnych not uzależniona jest od posiadanych dokumentów, z oczywistych względów w wielu przypadkach niekompletnych. Katalog informuje również o roku i miejscu powstania pracy, jej technice, formacie, a także podaje sygnaturę rejestru zbiorów Muzeum w Oświęcimiu.

twórczość plastyczna więźniów obozu oświęcimskiego

Jak w hitlerowskim obozie śmierci, dwudziestowiecznym piekle, które ludzie zgotowali ludziom, można było uprawiać twórczość artystyczną? To pytanie zadaje sobie każdy, kto kiedykolwiek oglądał prace plastyczne więźniów Oświęcimia.

Odpowiedź składa się z kolejnych pytań, sięgających samej istoty człowieczeństwa. Może instynkt życia to coś więcej niż tylko walka o przetrwanie biologiczne? Może pragnienie pozostawienia po sobie „śladu na drodze" jest równie silne jak wola życia? Co można przeciwstawić śmierci zadawanej z premedytacją? Jak pokonać strach? Jak zostawić ów ślad na drodze? Może właśnie tak, jak próbowali oni: ocalić cząstkę człowieczej godności.

Tworzyć nielegalnie w Oświęcimiu znaczyło tyle, co narażać się na śledztwo, tortury, obozowy areszt, karną kompanię, do której skierowanie nierzadko równało się wyrokowi śmierci. A jednak twórczość istniała tu niemal od chwili założenia obozu, to jest od roku 1940.

Nie znamy i nigdy nie poznamy wszystkich prac artystycznych, które powstały w Auschwitz. Wiele z nich zniszczyło SS, część zaginęła w czasie wojny, część podczas ewakuacji obozu. Jednak to, co znajduje się dziś w zbiorach Państwowego Muzeum w Oświęcimiu, a także w innych kolekcjach, świadczy, że było ich niemało.

W ocenie tych prac niepodobna kierować się wyłącznie kryteriami artystycznymi ze względu na specyficzne obozowe warunki, w których powstawały, ludzi, którzy je tworzyli, i rolę, jaką spełniały w obozie. A jednak ta dyktowana wewnętrzną potrzebą twórczość plastyczna więźniów Oświęcimia ma dziś nie tylko bezsporną wartość dokumentalną, lecz przynajmniej w znakomitej swej części walory stawiające ją w rzędzie prawdziwych osiągnięć artystycznych. Cechą szczególną wszystkich omawianych tu prac jest ponadto przejmujący autentyzm fizycznego i moralnego cierpienia i siła, z jaką oskarżają.

Ich autorami byli przeważnie profesjonaliści i studenci uczelni artystycznych, ale nie wyłącznie. Także ci wszyscy, którzy dopiero za drutami odkryli w sobie potrzebę i zdolność tworzenia.

Wielu wybitnych artystów, którzy znaleźli się w obozie, nie zdążyło niestety nic stworzyć. Śmierć dosięgła ich zbyt szybko. Taki los spotkał na przykład 168 spośród 198 osób aresztowanych 16 kwietnia 1942 roku w Kawiarni Plastyków w Krakowie. 27 maja postawiono je pod Ścianą Straceń. Wśród rozstrzelanych znaleźli się: Kazimierz Chmurski, Józef Jekiełek, Tadeusz Mróz-Łękawski, Hubert Paczkowski, Tadeusz Palczewski, Borys Petryński, Ludwik Puget, Tadeusz Różycki, Jan Rubczak, Karol Siwek, Stefan Zbigniewicz.

* * *

14 czerwca 1940 roku do KL Auschwitz przybył pierwszy transport polskich więźniów politycznych z Tarnowa, a 20 czerwca drugi – z więzienia w Wiśniczu Nowym. Już w tych pierwszych grupach znajdowali się ludzie, którzy dali początek obozowej twórczości plastycznej: wybitny rzeźbiarz, Xawery Dunikowski, absolwenci krakowskiej Akademii Sztuk Pięknych (np. Jan Komski – Baraś), Państwowej Szkoły Sztuk Zdobniczych w Krakowie (np. Tadeusz Myszkowski), Politechniki Warszawskiej (np. Jan Machnowski), Państwowej Szkoły Przemysłu Drzewnego w Zakopanem (np. Bronisław Czech, Izydor Łuszczek, Antoni Suchecki), a także rozmiłowani w sztuce ludowej góralscy rzemieślnicy (bracia Jan, Józef, Bolesław, Władysław i Karol Kupcowie) i kowal-artysta z Bukowska, Jan Liwacz. W tym samym roku kolejnymi transportami przybyli do Oświęcimia tacy przedstawiciele świata artystycznego, jak Bolesław Gozdawa-Piasecki, Leon Turalski, Waldemar Nowakowski, Adam Bowbelski, Włodzimierz Siwierski, Józef Krawczyk czy Franciszek Targosz.

Prawie wszyscy ci ludzie zostali skierowani do pracy w prymitywnej stolarni i ślusarni, które z początku mieściły się między blokami nr 1 i 2. Od deszczu chronił więźniów jedynie prowizoryczny dach. Dopiero na przełomie lat 1940/1941 stolarnię i ślusarnię przeniesiono do drewnianych baraków na tzw. Industriehof, gdzie umieszczono cały zespół warsztatów rzemieślniczych – między innymi malarnię i szklarnię. Już wtedy powstały tam pierwsze prace plastyczne więźniów: rysunki Włodzimierza Siwierskiego, nawiązujące do zajęć w stolarni, portrety szkicowane ręką Xawerego Dunikowskiego (np. portret Jana Szymczaka z dedykacją: „J.W. Panu Szymczakowi na pamiątkę Xawery Dunikowski 774 Oświęcim rok 1940"), a nawet karykatury (np. karykatura Franciszka Balzara wykonana przez nieznanego z nazwiska twórcę, sygnowana inicjałami MS i oznaczona datą 15.12.40). Należy tu podkreślić fakt, że właśnie w roku 1940 w obozie panował wyjątkowy terror.

Spośród wielu powstałych wówczas drobnych przedmiotów z metalu i drewna (np. popielniczki, świeczniki, noże do papieru, niewielkie rzeźby), wykonywanych przez Jana Liwacza, Bronisława Czecha, Izydora Łuszczka, braci Kupców, na szczególną uwagę zasługuje drewniana figurka Matki Boskiej, którą wyrzeźbił Bolesław Kupiec. Jego brat Władysław umieścił w jej wnętrzu gryps następującej treści: „Prosimy o pomoc dla naszych rodziców, którzy zostali bez opieki, gdyż 6 synów jest zamkniętych od 16 I 1940. Tę figurkę wykonał jeden z tych synów. Adr. Kupcowie, Poronin k. Zakopanego, Kasprowicza 7. Tę karteczkę powierzam opiece Matki Boskiej i niech nas nadal ma w swej opiece".

Rzeźbę otrzymał ksiądz kanonik Władysław Grohs de Rosenburg, żołnierz podziemia, który z poświęceniem pomagał więźniom Oświęcimia. Niestety, dopiero w roku 1971 zwrócono uwagę na tkwiący w figurce kołeczek i usunąwszy go znaleziono ukryty w środku gryps.

Z początkiem roku 1941 ze wspomnianych już komand – stolarni i ślusarni – wydzielono między innymi kowalstwo artystyczne i snycernię, z której z kolei w lipcu wyodrębniono łyżkarnię. W grudniu snycernia została przeniesiona z obozu na teren garbarni i włączona do komanda noszącego nazwę „Bekleidungswerkstätte – Lederfabrik" („Warsztaty odzieżowe – garbarnia").

W miarę rozbudowy terytorialnej i napływu nowych więźniów twórczość plastyczna rozwija się także w Brzezince, Monowicach i licznych podobozach oświęcimskiej fabryki śmierci.

Największe szanse tworzenia mieli ludzie pracujący w obozowych warsztatach i placówkach SS, np. w biurze budowlanym, biurze zatrudnienia więźniów, izbie pisarskiej, w służbie rozpoznawczej, drukarni, szpitalu więźniarskim czy wreszcie muzeum, któremu dalej poświęcimy więcej uwagi. Praca była tu mniej wyniszczająca, odbywała się pod dachem, łatwiej też było o ołówek czy kawałek papieru. W niezbyt wielkich zespołach roboczych ludzie mogli zaufać sobie bardziej niż w przeludnionych blokach mieszkalnych, w których zresztą przebywali przeważnie tylko nocą.

Ale słowa takie jak „łatwiej" czy „trudniej" tracą swój elementarny sens, gdy mowa o Oświęcimiu. „Łatwiej" – wcale nie oznaczało: „bez ryzyka". Tak więc, zachowując wszelkie proporcje, można powiedzieć, że w warunkach, dla których brakuje określeń, narodziły się dzieła reprezentujące niemal wszystkie dziedziny plastyki: rysunek, malarstwo, grafikę, rzeźbę, płaskorzeźbę, rzemiosło artystyczne.

Twórczość plastyczną więźniów obozu oświęcimskiego przyjęto dzielić na nielegalną i legalną; ta ostatnia powstawała na polecenie SS. Wszelka szczegółowa klasyfikacja jest tu jednak zabiegiem sztucznym. Dokonane podziały gatunkowe i tematyczne mają więc tylko sens porządkujący. Wprowadzono je po to, by dać Czytelnikowi w miarę syntetyczny obraz tej twórczości.

Najczęstszą formą wypowiedzi był rysunek, a dominującym tematem portret. Choć był to temat trudny i najbardziej ryzykowny – ujawniał bowiem tożsamość modela – realizował zarazem najgłębsze tęsknoty ludzi zza drutów: pragnienie przypomnienia bliskim swoich rysów, pragnienie posiadania wizerunku utraconej osoby. Nierzadko działał tu inny jeszcze imperatyw wewnętrzny: sama potrzeba tworzenia.

Pierwszym głębokim przeżyciem więźnia, zwłaszcza artysty, było pozbawienie go wolności. Wyraziście oddaje to autoportret Petera Edela. Na tle obozu widać dwie postacie artysty. Na pierwszym planie człowiek w pasiaku, z ogoloną głową pyta, wskazując na siebie z przerażeniem i niedowierzaniem: Kto to jest? Stojąca obok druga postać, w której rozpoznajemy autora w czasach wolności, odpowiada: Tak! To jesteś ty!

Na uwagę zasługują sugestywne autoportrety Franciszka Jaźwieckiego, krakowskiego malarza i grafika, wykonane w Oświęcimiu, Gross-Rosen, Sachsenhausen-Oranienburgu i Buchenwaldzie-Halberstadt. Na wszystkich tych portretach artysta ubrany jest w więźniarski pasiak z widoczną literą P i aktualnym numerem obozowym.

Jaźwieckiemu zawdzięczamy ponad sto do głębi poruszających wizerunków więźniów różnej narodowości i wieku. Tym, co pozwala rozpoznać w nich rękę krakowskiego artysty, jest – przy zachowaniu indywidualnych różnic – osobliwe podobieństwo wyrazu twarzy portretowanych mężczyzn. Sam twórca mówi, że ludzie ci mają „oczy przeraźliwie bezradne i dziwne, a niemal w każdym z nich czai się egoistyczna wola przetrwania".

Jaźwiecki nie rozdawał swych prac współtowarzyszom; rysował tylko dla siebie, powodowany wewnętrznym nakazem twórczym: „Dla zdobycia chwil szczęścia, a przede wszystkim zapomnienia, robiłem i robię w obozach portrety ołówkiem – nie mając innych środków. Te portrety robione ukradkiem, w tajemnicy, były dla mnie zapomnieniem, wprowadzały w inny świat, mój świat Sztuki. Tego, że rysowanie karane było śmiercią, nie brałem po prostu pod uwagę – nie z żadnej odwagi, lecz nie zwracałem na niebezpieczeństwo uwagi, tak pociągającym było przebywać, tworzyć w swoim świecie (...). Wielkim smutkiem była dla mnie za każdym razem utrata moich prac i największym wysiłkiem woli i zaparcia się poczynałem pracę od nowa" – napisał w obozowym pamiętniku

Stanisław Gutkiewicz, warszawski artysta malarz, pozostawił po sobie wspaniałą galerię portretów czeskich więźniów, członków organizacji „Sokół". Przedstawiają one ludzi dojrzałych, o twarzach poważnych i skupionych. Genezę tych rysunków, na których obok numerów obozowych widnieją również nazwiska i adresy portretowanych osób, wyjaśnia były więzień, František Beneš z Pragi:

„Z malarzem Stanisławem Gutkiewiczem byłem w Oświęcimiu od 15 stycznia 1942 do 15 marca 1942 w bloku 25 (...). Ponieważ bracia z naszego sokolskiego transportu bardzo szybko umierali, umówiłem się z kolegą Gutkiewiczem, że będzie sukcesywnie wykonywał portrety tych, którzy w tym czasie żyli jeszcze w bloku 25, aby po wojnie mogły być one przekazane rodzinom, ewentualnie tym, którzy powrócą".

Tę tragiczną kronikę losów czeskiego sokolskiego transportu przerwała wkrótce śmierć samego dokumentatora. Stanisław Gutkiewicz został rozstrzelany 13 czerwca 1942 roku.

W tamtych latach i w tamtym miejscu obozowi artyści często musieli działać z okrutnej potrzeby chwili. Były więzień, Franciszek Targosz, wspomina:

„O ile pamiętam, gdzieś w 1942 roku ktoś z krewnych Adama Stapfa czekał przed blokiem 24 na egzekucję. Wówczas to – na godzinę przed rozstrzelaniem – J. Gąsior-Machnowski narysował portret tego więźnia".

Te wizerunki ludzi stojących w obliczu śmierci powstawały z myślą o ich najbliższych, dla których miały stanowić najcenniejszą, czasem jedyną pamiątkę.

Xawery Dunikowski trafił do obozu jako człowiek 65-letni i przeżył Oświęcim tylko dzięki pomocy i opiece współwięźniów, którzy wielokrotnie chronili go w szpitalu. Tam polscy lekarze z nieopisanym samozaparciem i równie zdumiewającą pomysłowością toczyli uporczywą, nierówną walkę o życie chorych. Wprawdzie pobyt w szpitalu nie gwarantował bezpieczeństwa, pozwalał jednak zregenerować siły, zwalniał od wielogodzinnych morderczych apeli, esesmańskich szykan, kopniaków i ciosów, stanowiących nieodłączną część obozowej egzystencji. Były więzień, Józef Otowski, tak opowiada o losach Dunikowskiego w Oświęcimiu:

„Ciężki zaczął się okres dla profesora. Ranne apele, potem parę kilometrów Bekleidungswerkstätten, listopadowe dni, deszczowe, nędzne porcje jedzenia obozowego (...). Jedynym wyjściem było, aby dostał się do Krankenbau (...). Dr Diem bez wahania zgodził się przyjąć go natychmiast. Teraz chodziło o to, aby nie poszedł do gazu przy częstej selekcji chorych. Okazji było dużo. Ale dr Diem czuwał i gdy wiadomym sobie kanałem otrzymywał wiadomość, że będzie wybiórka do

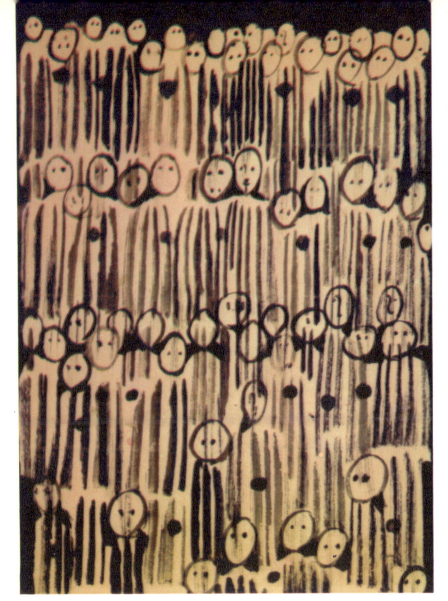

4 JÓZEF SZAJNA
Apel trwał bardzo długo, bardzo bolały mnie nogi

5 WALDEMAR NOWAKOWSKI
Do gazu

6 WŁODZIMIERZ SIWIERSKI
Regulacja Soły I

3 XAWERY DUNIKOWSKI
Portret Mariana Ruzamskiego

gazu, wzywał mnie i jednym słowem wyjaśniał wszystko: zabieraj starego! Wiedziałem, co to znaczy. I znów kilka dni chodził do komanda. Historia powtarzała się co pewien czas".

Dunikowski, który w szpitalu przebywał bardzo często, a od roku 1944 nieprzerwanie aż do wyzwolenia, stworzył tam wiele portretów swych chorych współtowarzyszy. Trudno orzec, co w większym stopniu decyduje o sile wyrazu tych rysunków – talent wielkiego artysty czy bezmiar obozowego koszmaru?

Tej refleksji towarzyszy następna. To, że dziś możemy oglądać dzieła, które powstały w obozach koncentracyjnych, zawdzięczamy czasem całemu łańcuchowi ludzi, którzy ratowali je nie bacząc na własne bezpieczeństwo, jakby powodowani przemożnym pragnieniem powiedzenia światu: Patrzcie, to Oświęcim! Przykładem tego rodzaju są dzieje 47 rysunków Mariana Ruzamskiego, artysty malarza, serdecznego przyjaciela Xawerego Dunikowskiego. On także w czasie pobytu w oświęcimskim szpitalu w roku 1943 sportretował wielu więźniów. Z tego okresu pochodzi też autoportret – doskonałe studium twarzy artysty. Ruzamskiemu udało się zabrać te prace do obozu w Bergen-Belsen, dokąd został przewieziony i gdzie na kilka dni przed wyzwoleniem zmarł na chorobę głodową. W szpitalu Bergen-Belsen, jak gdyby przewidując rychłą śmierć, przekazał teczkę z 47 rysunkami francuskiemu lekarzowi polskiego pochodzenia, doktorowi Brabanderowi, z prośbą o doręczenie jej Janinie Pawlasowej z Tarnobrzegu. Jednak i doktor Brabander zmarł wkrótce. Teczką zaopiekował się jego syn, Roman, też więzień Bergen-Belsen, i po wyzwoleniu wziął ją ze sobą do Paryża. O wszystkim tym Janina Pawlas dowiedziała się od rzeszowianina, doktora Tkaczowa, który był więziony w Bergen-Belsen razem z Marianem Ruzamskim. Dzięki staraniom jej i wielu innych osób portrety odnaleziono i odzyskano w latach 1946-47. Dziś stanowią cenną część zbiorów Państwowego Muzeum w Oświęcimiu.

W zbiorach tych znajdują się także prace Wincentego Gawrona, studenta warszawskiej ASP, który w obozowym pamiętniku zanotował pod datami 15 marca i 10 kwietnia 1942 roku:

„Pragnąc odwdzięczyć się doktorowi Diemowi za przyjęcie mnie do szpitala, robię mu portret (...). Robię portret doktora Gawareckiego, rentgenologa z Lublina (...). Uważam, że będzie to jedna z moich lepszych prac. Robię go w ciemni rentgenowskiej i dzięki doskonałej grze świateł udało mi się znaleźć całą gamę tonów i półtonów, jaką tylko może dać miękkość ołówka, wykradając z modela każdą linię, każdy charakterystyczny szczegół, aby uwiecznić go na płaszczyźnie papieru".

Prace Mieczysława Kościelniaka, malarza i grafika, różnią się między sobą materiałem i techniką wykonania. Obok olejnych – portrety akwarelowe, a nawet drzeworyty i miedzioryty, co oznacza, że artysta miał większą niż inni więźniowie możliwość tworzenia i zdobywania odpowiednich materiałów. Rysował też w szkicowniku, na luźnych kartkach albo na formularzu obozowego listu. Malował z natury, z pamięci i z fotografii. Tworzył portrety pojedyncze, dwupostaciowe, grupowe. Wiele jest wśród nich twarzy i sylwetek obozowych artystów, m. in. krakowskiego rzeźbiarza Zbigniewa Raynocha, warszawskiego grafika Jana Barasia-Komskiego, Mariana Ruzamskiego, Xawerego Dunikowskiego i obozowego „mecenasa sztuki", Franciszka

1 JULIUSZ STUDNICKI
Transportzelle (Cela transportowa)

2 MARIAN RUZAMSKI
Portret Xawerego Dunikowskiego

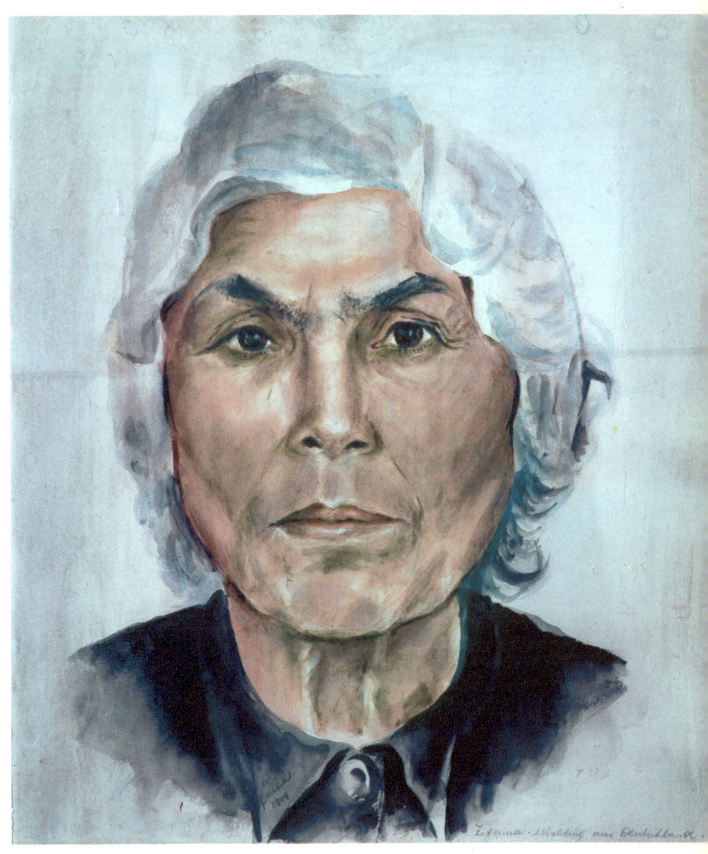

7 DINAH GOTTLIEBOVA
(BABBITT)
Półkrwi Cyganka z Niemiec

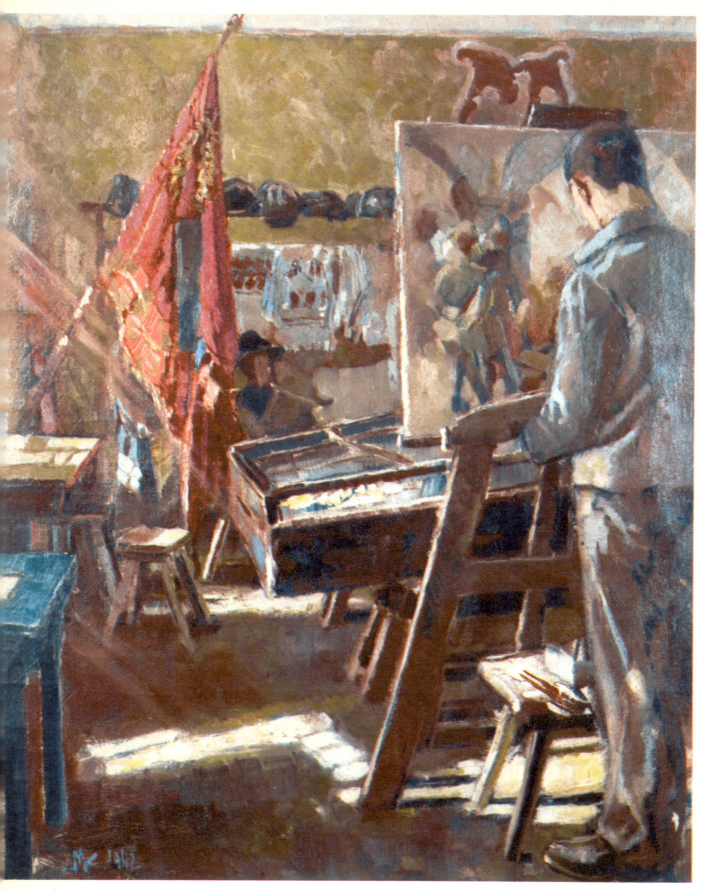

8 MIECZYSŁAW KOŚCIELNIAK
Wnętrze muzeum obozowego

9 BRONISŁAW CZECH
Widok tatrzański – Rysy

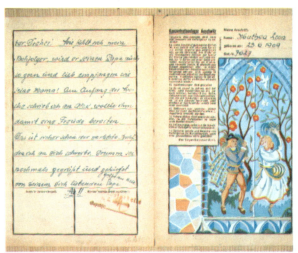

10 ADAM BOWBELSKI
Scenka ludowa

11 FRANCISZEK TARGOSZ
Konie

12 AUTOR NIEZNANY
Makieta rozbudowy obozu Auschwitz I

Targosza. Można odnieść wrażenie, że kontakty i przyjaźnie z tymi ludźmi były dla Kościelniaka silnym źródłem inspiracji. Przedstawiał ich najczęściej w rzeczywistych, obserwowanych co dzień sytuacjach: oto Baraś-Komski maluje w obozowym muzeum obraz zatytułowany „Trubadur"; Dunikowski pracuje nad rzeźbą w „Unterkunftskammer"; Franciszek Nierychło dyryguje obozową orkiestrą, a Wincenty Gawron i Alojzy Gołka czytają list z domu.

Nie brak przecież i sytuacji stanowiących projekcję pragnień całej więźniarskiej społeczności. Gdy Kościelniak rysuje piórkiem miniaturowy portret rodziny Bronisława Pendzińskiego na liście, który jego towarzysz niedoli wysłał do domu na Boże Narodzenie roku 1943, gdy uzupełnia go rozjarzoną od świeczek choinką, bez wątpienia wyraża uczucia nie samego tylko adresata... Gdy zaś portretuje się w gronie słuchaczy koncertu Adama Kopycińskiego lub jako sanitariusz asystujący przy operacji doktorowi Janowi Grabczyńskiemu, chce w ten sposób oddać serdeczne więzi łączące go z tymi ludźmi.

„Klasyczne" autoportrety artysty z tego okresu wiernie oddają gamę jego ówczesnych przeżyć: więzień w pasiaku, rozmarzony mężczyzna, malarz z paletą i pędzlem.

Dwa niewielkie szkicowniki – to artystyczna i życiowa spuścizna Józefa Mrozka, utalentowanego ucznia gorlickiego gimnazjum. Jego portrety współwięźniów wzbudziły takie zainteresowanie Mariana Ruzamskiego i Xawerego Dunikowskiego, że pierwszy zaczął udzielać chłopcu lekcji rysunku, a drugi obiecał przyjąć go po wojnie do Akademii.

Józef Mrozek został w roku 1944 przeniesiony do obozu w Leitmeritz, dokąd zabrał swe prace i gdzie nadal z brawurą młodości oddawał się swej niebezpiecznej pasji. Podczas ewakuacji więźniów z Leitmeritz zaryzykował wraz z dwoma kolegami ucieczkę z pociągu i zginął przeszyty serią z automatu. Spośród trójki uciekinierów uratował się tylko jeden – Władysław Domaradzki. Wyjął on z chlebaka zabitego dwa szkicowniki – drugi powstał już w Leitmeritz – i przechował je do wyzwolenia.

Roman Zadorecki stworzył w obozie tylko dwa portrety: własny i Augustyna Teodora, swego kolegi. Namalował je, jak powiedział, „na pamiątkę tamtych dni", gdy udało mu się zdobyć zwykłe suche farby, które zmieszał z pokostem.

Na tle pełnych okrutnej prawdy portretów Dunikowskiego, Ruzamskiego, Kościelniaka, Gawrona, pewnym zaskoczeniem są wyraźnie upiększone wizerunki kobiet-więźniarek, rysowane przez Zofię Stępień (w Oświęcimiu tworzyło wiele kobiet, między innymi Janina Tolik, Janina Unkiewicz, Zofia Stępień, Elli Grünkraut, Dinah Gottliebova, Edyta Links, Eva Gabanyi, Vida Jocić). Twarze z portretów Zofii Stępień w większości nie noszą śladów obozowego piętna. Co więcej, jej kobiety są pięknie ubrane, mają długie włosy i pogodne oczy. Autorka wyjaśniła później: „Wszystko było takie brzydkie, szare, smutne i brudne, dlatego chciałam w swoich rysunkach wprowadzić trochę piękna".

Podobnie, choć z odmiennych powodów, postępowali czasem inni obozowi artyści. Jan Machnowski na przykład szczerze wyznaje, że gdy chodziło o podobizny więźniów przeznaczone dla rodzin, starał się „przedstawić portretowanych w jak najkorzystniejszym świetle ze względów uczuciowych, aby rodzin nie martwić, że osoba im bliska źle wygląda".

Niejeden z tych rysunków ma swą własną historię. Ten pozaartystyczny kontekst nadaje im rangę szczególnego dokumentu – świadectwa czasów pogardy. Rzecz znamienna, że oświęcimscy artyści dokładnie zdawali sobie z tego sprawę. Tak na przykład Czesław Lenczowski, spełniając prośbę Alfreda Skrabani, którego rodzice pragnęli mieć ostatni być może portret syna, najpierw przedstawił młodego człowieka w cywilnym ubraniu, potem jednak doszedł do wniosku, że postać w obozowym pasiaku będzie „najlepszą pamiątką, dokumentem dla potomności". Tak powstały dwa portrety więźnia.

Oglądając dziś wykonane w Oświęcimiu podobizny osób bliskich więźniom, a także ludzi, którzy z narażeniem życia nieśli im pomoc, trudno sobie uprzytomnić, ile wysiłku, przedsiębiorczości i odwagi kosztowało przemycenie przez druty fotografii osoby z zewnątrz, podobnie zresztą jak nielegalne „wypożyczenie" jej z depozytów więźniarskich. A jednak powstało sporo portretów na podstawie „wolnościowych" zdjęć: wizerunek żony Franciszka Targosza, autorstwa Wincentego Gawrona; Józefa Mikusza i jego narzeczonej na drewnianym mostku, narysowany przez Franza Reisza; Erwina Olszówki z dziewczyną na tle pięknej wiejskiej scenerii – praca Czesława Lenczowskiego.

Ile w obozie znaczyło lekarstwo, kawałek chleba, buty, grypsy przerzucony na wolność, wie tylko ten, kto przeżył Oświęcim. Anonimowy rzeźbiarski portret Haliny Płotnickiej jest wymownym wyrazem wdzięczności więźniów dla bohaterskiej łączniczki ruchu oporu, która organizowaną im pomoc przypłaciła życiem. Aresztowana w roku 1943, zmarła po niespełna półrocznym pobycie w Oświęcimiu.

Głęboka wdzięczność skłoniła również Jana Barasia do utrwalenia rysów całej rodziny Andrzeja Harata, który pomógł artyście w ucieczce z obozu, a potem przechowywał go we własnym domu.

Wzruszająca historia wiąże się z ołówkowym portretem jedenastoletniego Gezy Scheina, wykonanym przez Jacques'a Markiela. Był rok 1944. Chłopiec wraz z całą grupą młodych węgierskich Żydów pracował w sortowni węgla kopalni Brzeszcze. Polki zatrudnione w kopalnianej kuchni potajemnie żywiły chłopców. Uwagę jednej z nich, Emilii Klimczyk, zwrócił na siebie Geza, nad wiek poważny i rozpaczliwie smutny. Kobieta dowiedziała się, że oddzielono go od rodziny, z którą przybył do Birkenau. Geza nie rozumiał ani słowa po polsku, a Emilia nie znała nawet jego imienia, mimo to wszelkimi sposobami starała się pomóc mu, okazać trochę serca. Po pewnym czasie Geza znalazł się na liście więźniów przeznaczonych na wywózkę do Mauthausen. Przed samym wyjazdem podarował Emilii swój portret i powiedział łamaną polszczyzną: „Dziękuję, kocham cię, mamusiu".

Obozowy portret służył czasami niesłychanie żywotnemu celowi – przygotowaniu ucieczki, której szanse powiększał ausweis lub kennkarta, z aktualnym zdjęciem. Ale fotografia taka – w dodatku w cywilnym ubraniu i z włosami – była w obozie nieosiągalna. Mógł ją zastąpić realistyczny portret z czupryną i krawatem, pod warunkiem, że został następnie sfotografowany i zreprodukowany w wymaganym formacie legitymacyjnym.

Z tak spreparowanymi dokumentami zamierzali zbiec z Oświęcimia między innymi Florian Birecki i Jan Machnowski, a także Henryk

Kwiatkowski, Alfons Szumiński i Józef Porwoł. Ich portrety wykonane przez Machnowskiego i Kościelniaka zostały szczęśliwie przerzucone na zewnątrz, zreprodukowane i na powrót przemycone do obozu. Mimo to żadna z dwóch ucieczek nie doszła do skutku. W pierwszym przypadku plany więźniów przekreśliła zarządzona w dniu ucieczki Blocksperre, w drugim – jeden z niedoszłych uciekinierów załamał się psychicznie pod ciężarem przedsięwzięcia.

Powiodło się natomiast kolejnej grupie, złożonej z Ottona Küssela, Mieczysława Januszewskiego, Bolesława Kuczbary i Jana Barasia, którzy zbiegli z obozu 29 grudnia 1943 roku. Kuczbara uciekał w esesmańskim przebraniu. Na cywilnej fotografii, którą udało się wydobyć z magazynów „Effektenkammer", Jan Baraś domalował czapkę i mundur SS.

* * *

Jeśli uznać, że karykatura niesie w sobie ostrą ocenę rzeczywistości, że żywi się przeciwieństwami, że wreszcie metodą karykaturzysty jest wyolbrzymianie charakterystycznych cech ludzkich, deformowanie rzeczy i zjawisk, słowem, ukazywanie świata w krzywym zwierciadle, nietrudno zrozumieć, dlaczego uprawiali ją obozowi twórcy. Oświęcim był światem totalnie zdeformowanym, czarno-białym, światem bez półtonów, w którym granice między światłem i ciemnością, między dobrem i złem rysowały się wyraziście, w którym opowiedzenie się po stronie elementarnych wartości ludzkich oznaczało niejednokrotnie przejście w rewir śmierci.

Wszystko to odbija się w oświęcimskiej karykaturze, w galerii postaci z dwóch przeciwległych biegunów – ze świata dobra i zła. W tym pierwszym kręgu mieszczą się między innymi portretowe karykatury doktora Władysława Fejkla, pełniącego w szpitalu funkcję „Lagerältestera", Erwina Olszówki, „Rapportschreibera", Jerzego Pozimskiego, „Arbeitsdiensta", Czesława Jaszczyńskiego, portiera przy bramie „Arbeit macht Frei" i wielu innych ludzi, cieszących się w obozie szacunkiem i sympatią. W tego rodzaju ciepłych, żartobliwych karykaturach celowali zwłaszcza Mieczysław Kościelniak i Stanisław Trałka, autor niewielkiego albumu zatytułowanego „Erk.in Karikatur" („Erkennungsdienst w karykaturze"). Wincenty Gawron natomiast należał do grona twórców, którzy najostrzej piętnowali indywidua szczególnie gorliwie wypełniające swe zbrodnicze obowiązki.

Pretekstem do powstania karykatury więźnia były często urodziny, imieniny i święta. Podtrzymywano zwyczaj obdarowywania solenizantów okolicznościowymi kartkami; życzenia uzupełniano dowcipnym portretem adresata.

W karykaturze utrwalono zresztą wiele różnych, czasem nietypowych scen z życia obozowego – choćby grę w szachy czy mecz piłki nożnej. Niektóre mają postać malowideł ściennych, jak na przykład prace świetnego karykaturzysty, Tadeusza Myszkowskiego. Pierwsza – na otynkowanym suficie strychu w bloku 28 – przedstawia Czesława Cegielskiego, obozowego farmaceutę, druga – na strychu w bloku 14 – więźniów przy porannym myciu.

Ten sam twórca zaprojektował również „Kapo" i „Żyda", karykatury w drewnie, które pochodzą z nie istniejących już obozowych drogowskazów: „Dali-Dali-Strasse" (zniekształcone słowo „dalej") i „Birkenallee". Pierwszy – ustawiony przy bramie „Arbeit macht Frei" – wskazywał drogę w głąb obozu. O powstaniu drewnianych figurek tak pisał 22 maja 1941 roku Wincenty Gawron:

"Grono rzeźbiarzy powiększyło się o trzech zawołanych mistrzów, a więc Tadeusza Lecha, polonistę z Krakowa, Józefa Krawczyka z Warszawy, zwanego »Kropelką«, i Antosia Laskę, młodego chłopca o ładnych ciemnych oczach. Lech (...) awansował tu na rzeźbiarza i robi figuralne drogowskazy z Laską i »Kropelką«. Ten ostatni jest najlepszym figuralnym rzeźbiarzem w pracowni (...). Kończy właśnie drogowskaz. Na długiej dębowej desce z napisem gotyckim stoją cztery rzeźbione figurki: na przodzie żydowski geszefciarz z dużym brzuchem, parasolem w ręku i workiem na plecach, za nim żydowski bankier, a może przemysłowiec z płaszczem na ręku i pękatą walizą, dalej gruby ksiądz przepasany szarfą, z książką do modlenia pod pachą – a wszystkich razem popędza żołnierz SS w hełmie i z karabinem na ramieniu".

Ci, którzy dobrze znali oświęcimską rzeczywistość, próbowali ostrzec nowo przybyłych przed tym, co ich czeka. Pod gotyckim napisem "Birkenallee" przy tzw. Alejce brzozowej umieścili taką oto scenkę: na ławce siedzi dwóch więźniów i kapo z dużym odstającym uchem. Intencja twórców jest czytelna: strzeż się donosicieli.

Na pytanie – co sprawia, że całą oświęcimską galerię łączy wspólny nastrój, choć zgromadzone w niej prace są tak różne – odpowiedź brzmi: Sprawą jedyną i wszechobecną była w Oświęcimiu śmierć i jej przeciwieństwo – wola przetrwania, pragnienie wolności. Wszyscy obozowi twórcy zmagają się z tym świadomie i instynktownie, pośrednio, we wszystkich możliwych tematach i formach plastycznych.

Czyż wielogodzinny apel w deszczu, palącym słońcu lub na mrozie nie stawał się dla umęczonych ludzi kresem ich udręki? Czy praca w Oświęcimiu była pracą? Wystarczy spojrzeć na anonimowe ścienne malowidło „Königsgraben" w baraku nr 1 w Brzezince, na rysunek Franciszka Wieczorkowskiego „Praca przy walcu", przedstawiający więźniów karnej kompanii, by wiedzieć, że system hitlerowski uczynił z pracy powolniejszy od strzału, lecz tak samo skuteczny sposób zadawania śmierci.

Mieczysław Kościelniak w swych rysunkach i grafikach często mówi wprost o umieraniu („Załatwiony", „Powrót z pracy", „Koleżeńska przysługa", „Koledzy"). W „Kolegach" artysta próbuje też ukazać, do czego sprowadza się obozowa przyjaźń: być blisko przyjaciela w chwili śmierci, nie pozwolić, by umierał samotnie.

Do wielu śmierć przychodziła pod postacią głodu. Autor najbardziej chyba wstrząsającego studium głodu („Chorzy", „Sztaple w kostnicy"), Waldemar Nowakowski jako blokowy w baraku szpitalnym w Brzezince dość miał okazji do obserwacji ludzi konających z niedożywienia.

Miska, łyżka, wydawanie posiłku, ręka wyciągnięta po kromkę chleba – te motywy powtarzają się niezliczoną ilość razy w pracach obozowych artystów, podobnie zresztą jak dezynfekcja i tępienie wszy. Wesz była także przyczajoną śmiercią...

Syntetyczna historia KL Auschwitz zawarta została w 23 niewielkich rysunkach, wykonanych ołówkiem i kredką przez nieznanego autora o inicjałach MM. Rysunki odnalezione w roku 1947 w fundamentach baraku w Brzezince przedstawiają ten właśnie obóz i układają się niejako w dwa cykle, które znów mówią o śmierci: pierwszy ukazuje przybycie transportu żydowskiego, selekcję i drogę do komory gazowej, drugi – kolejne etapy wiodące do takiego samego końca: wyniszczenie więźniów przez pracę, głód, choroby i tortury.

Bronisław Czech – urodzony i wychowany w Tatrach – bardziej może niż inni tęsknił za wolnością, przyrodą i otwartą przestrzenią. Cała jego obozowa twórczość to obrazy przedstawiające ukochane Tatry i związane z nimi zbójnickie legendy. Jak wspomina Józef Cyrankiewicz, „osoba Bronka Czecha była dramatycznym przykładem, jak izolacja i brak swobody zabijały w więźniach chęć życia. Bronek dosłownie gasł w obozie, nie na skutek warunków życiowych (...). W obozie zawsze tęsknił za nartami, śniegiem, ruchem w górzystej przestrzeni"...

Bronisław Czech zmarł 5 czerwca 1944 roku. Xawery Dunikowski tak pisał w marcu 1945 roku do jego siostry, S. Walczakowej:

„Szanowna Pani!

Niestety, z przykrością muszę donieść, że brat Pani, pan Bronisław Czech, nie żyje. Znałem Go bardzo dobrze, wielce mi Go żal. Był to bardzo miły młody człowiek. Razem przebywaliśmy w szpitalu. Zmarł nagle przy mnie na udar serca. Stało się to 5 VI 1944 o godzinie dwunastej, w samo południe (nie o ósmej).

Wzruszający był moment Jego zgonu. Siedzieliśmy w oknie w piękny, słoneczny dzień. Przed naszym barakiem obozowali Cyganie. Dowiedziawszy się od nas o nagłym zgonie p. Bronisława, zagrali zakazany marsz żałobny Chopina.

Proszę wierzyć, że z przykrością tę wiadomość Pani przesyłam."

Zgodnie z relacją innych współwięźniów ciało zmarłego jako ostatnie złożono na wózku wiozącym zwłoki do krematorium; znalazły się nawet kwiaty. Pełne szacunku milczenie kolegów towarzyszyło wielkiemu olimpijczykowi na jego ostatniej ziemskiej trasie.

Przejmującym wyrazem pragnienia, by śmierć odzyskała swój utracony majestat, a zmarły przestał być tylko anonimową garścią prochu, jest maleńki sarkofag wykopany po latach na terenie obozu. Na sarkofagu nieznany artysta wyrzeźbił postać więźnia zakutego w kajdany. Wewnątrz znajdowała się nadpalona cząstka ludzkiej kości. Z daty umieszczonej na bocznej ściance można odczytać wiek zmarłego: 25 lat.

W Oświęcimiu powstało wiele prac o tematyce religijnej i patriotycznej. Wśród licznych wizerunków Chrystusa na krzyżu ogromne wrażenie robi zwłaszcza ten wyryty na ścianie celi nr 21 w bunkrach „Bloku śmierci".

Świadectwem uczuć patriotycznych, których natężenie da się porównać z religijną egzaltacją, jest godło narodowe, pojawiające się na wykonywanych w obozie emblematach, ryngrafach i sygnetach. Na przedmiotach tych umieszczano nieraz teksty o podniosłej treści. Na przykład ryngraf dedykowany synowi Tadeusza Petrykowskiego nosi napis: „Bądź zawsze wolny duchem i ciałem. Wiara, honor i ukochanie Ojczyzny niech będzie Twoją dewizą w życiu. Januszowi – Ojciec. P 131862. Ośw. 22 VII 1944".

Święta Bożego Narodzenia nadawały tym uczuciom szczególny wymiar, jednocząc wierzących i niewierzących ogniwem polskiej tradycji. Ze skrawków materiału i papierów powstawały obozowe choinki, którymi więźniowie próbowali na ten dzień ozdobić swe ponure baraki.

W porównaniu z całą obozową twórczością plastyczną zjawiskiem jakby z innego świata są książeczki dla dzieci: „O zajączku, lisie i kotku", „O przygodach czarnego kurczątka", „O wszystkim, co żyje", „Murzynek i mniszek". Około roku 1943 któryś z więźniów znalazł w Brzezince kolorowo ilustrowaną bajkę. Nasunęło to obozowym artystom pomysł stworzenia podobnych bajek dla własnych dzieci. Teksty pisał Stanisław Bęć, ilustrował Marian Moniczewski, kilka piosenek napisał Artur Krzetuski. Zbigniew Goszczyński kopiował to potem na światłoczułym papierze, a Fritz Junger robił prawdziwą introligatorską oprawę. Bajeczki te – wykonywano je najprawdopodobniej w kilku zaledwie egzemplarzach – wysyłano nielegalnie do rodzin, na wolność.

W obozie też były dzieci.

Dziś po czterdziestu z górą latach obrońcy i duchowi spadkobiercy faszyzmu próbują wyprzeć się tej hańby. W ich ustach Oświęcim to surowy, lecz odpowiadający zasadom humanitaryzmu obóz pracy dla niebezpiecznych przestępców. Jakich zbrodni dopuściły się kilkuletnie dzieci, dla których Leon Turalski i Dinah Gottliebova tworzyli barwne malowidła na ścianach obozowych baraków? Pokrywając je postaciami z baśni, wyczarowując na szarym murze szkołę, ulubione zwierzęta, zabawy na podwórku, malowali sercem. Ich pozbawiono wolności, tym bezbronnym istotom odebrano nawet dzieciństwo.

Wyjątkową rolę wobec wszystkich oświęcimskich twórców spełniało obozowe muzeum. Tego rodzaju placówka istniała jedynie w KL Auschwitz. W połowie roku 1941 Rudolf Höss, komendant Oświęcimia, zastał Franciszka Targosza przy niedozwolonym zajęciu: szkicowaniu scen batalistycznych. „Wykroczenie" to tylko dlatego nie okazało się tragiczne w skutkach, że Höss był miłośnikiem koni, Targosz zaś także od dawna interesował się końmi, militariami, ikonografią i literaturą z tego zakresu, słuchał nawet kiedyś wykładów w studium broni i munduroznawstwa przy Dorotheum i Heeres-Museum w Wiedniu, a ponadto doskonale znał niemiecki.

„Podsuwane Hössowi ołówkowe szkice końskich zadów i nieśmiało formułowane sugestie – wspomina artysta – doprowadziły do tego, że u Hössa dojrzała propozycja gromadzenia rysunków i obrazów wykonywanych przez więźniów, ale zostało to raczej upozorowane gromadzeniem ciekawszych przedmiotów, jakie mogły się znaleźć w zasięgu obozu".

I tak w październiku roku 1941 Lagerführer Karl Fritzsch na ustne polecenie Hössa nakazał Targoszowi zorganizować Lagermuseum. Mieściło się ono w bloku nr 24 i tam przetrwało aż do wyzwolenia obozu. Franciszek Targosz świetnie potrafił wykorzystać wąski margines swobody, jaki zapewniało muzeum: stworzył wielu ludziom fizyczną, względnie bezpieczną przestrzeń do uprawiania zakazanej działalności artystycznej, niejednokrotnie ratował więźniów, a prace ich od zniszczenia.

Część, w której gromadzono zbiory, stanowiła istny gabinet osobliwości. Były tu przedmioty liturgiczne wielu różnych kultów, zwłaszcza związane z judaizmem – Talmud, tałesy, modlitewniki, lichtarze, Tory; ludowe stroje krakowskie i góralskie; mundury – żołnierza radzieckiego, polski mundur strażacki; numizmaty, medale, odznaczenia, stare dokumenty, proporce, chorągwie i sztandary, wśród których znajdował się czerwony sztandar ze złotym napisem „PPR-Brzezinka", a nawet feretron kościelny. Obok ksiąg (takich np. jak „X-lecie Polski Odrodzonej", którą esesmani szyderczo nazywali „księgą polskiej manii wielkości") można było oglądać hełm, toporki i trąbkę strażacką, stare żydowskie obrazy, kasę wojskową z czasów napoleońskich i wysłużony welocyped. Zbiory te składały się po większej części z przedmiotów zagrabionych aresztowanym.

Lagermuseum gromadziło też obrazy, rysunki, grafiki, rzeźby i przedmioty użytkowe powstające w obozie. Autorzy z początku starali się, by ich prace odpowiadały gustom Lagerkomendanta, od którego uzależnione było istnienie tego nieocenionego azylu. Pierwszymi stałymi pracownikami Lagermuseum byli zakopiańczycy: Stefan Didyk, Bronisław Czech i Izydor Łuszczek oraz dwaj Żydzi – Icek Bryn i Moses Blum – wyciągnięci przez Franciszka Targosza z karnej kompanii pod pretekstem tłumaczenia Talmudu. Dołączył do nich wkrótce warszawski zegarmistrz, Władysław Tkaczyk, którego zawodowe umiejętności bardzo sobie cenili esesmani.

Wieczorami po pracy, a także w niedziele i święta do muzeum przychodzili między innymi: Szczepan Andrzejewski, Jan Baraś, Adam Bowbelski, Klemens Ciesiul, Dominik Černy, Xawery Dunikowski, Wincenty Gawron, Wasyl Hołub, Czesław Kaczmarczyk, Mieczysław Kościelniak, bracia Kupcowie, Czesław Lenczowski, Paweł Lutczyn, Jan Machnowski, Waldemar Nowakowski, Tadeusz Paczesny, Jerzy Potrzebowski, Antoni Suchanek, Stanisław Trzebiński i Stanisław Wcisło.

Wszyscy pomagali sobie wzajemnie. Profesjonaliści udzielali wskazówek początkującym. Muzeum było wyspą normalności na morzu oświęcimskiego okrucieństwa. Pisze o tym Jan Baraś: „Do muzeum chodziłem dorywczo po zakończeniu pracy. To wynikało z mojego zamiłowania do rysowania. Chciałem także spotkać kolegów o podobnych zainteresowaniach. Wreszcie możliwość malowania tam, w obozowym muzeum, pozwalała przynajmniej na chwilę zapomnieć o potwornościach codziennej rzeczywistości. W muzeum panowała atmosfera wolności, zresztą sami stworzyliśmy tę atmosferę".

Za parawanem zleceń esesmanów, których potrzeby estetyczne ograniczały się do martwych natur, scen myśliwskich i średniowiecznych zamków, można było popracować nad tematem z wyboru. Targosz na przykład robił szkice sienkiewiczowskie. „Rysunki ołówkowe ilustrujące sceny z Trylogii – pisze – mogłem wykonywać na terenie Lagermuseum, bo dla Hössa był rysunek ciekawy, gdy przedstawiał jakąś scenę batalistyczną, gdy (...) były konie i ruch (...). A przecież dla nas było satysfakcją móc rysunkiem wspominać na terenie Auschwitzu czasy świetności rycerstwa polskiego".

Zrozumienie, z jakim działalność muzeum spotykała się ze strony innych więźniów, podnosiło na duchu, a pomoc w zdobywaniu dodatkowych materiałów i narzędzi dla artystów pozwalała pokonać niejedną trudność.

Pod koniec lutego 1944 roku zmniejszono liczebność komand nie związanych z produkcją dla frontu, więc i artyści z Lagermuseum zostali użyci do innych celów. Wprawdzie Targoszowi udało się częściowo obejść wydane w tej sprawie zarządzenie i załatwić kilku swym podopiecznym zatrudnienie w magazynach zaopatrzenia, gdzie mogli nadal uprawiać działalność twórczą, nie była ona jednak już tak systematyczna, jak w pierwszym okresie istnienia muzeum.

Świadectwem ludobójczych planów III Rzeszy są modele plastyczne Auschwitz i Birkenau, które Höss i jego podwładni produkowali z maniackim upodobaniem. Miały one przedstawiać nie tylko stan istniejący, lecz przede wszystkim gigantyczne plany rozbudowy. W planach tych tryby fabryki śmierci poruszały się coraz szybciej. Produkcja rosła.

Już pod koniec roku 1940 powstała rzeźbiarnia, w której Xawery Dunikowski i malarz Jan Machnowski wraz z pomocnikiem Alojzym Fuskiem i więźniem o nie ustalonym nazwisku (wiadomo tylko, że na imię miał Władek) wykonali kilka takich makiet. Pierwsza – „KL Auschwitz wie es war" („Obóz oświęcimski, jakim był") – o wymiarach 250 × 180 cm, modelowana w gipsie, utrzymana w naturalnych kolorach, musiała stanowić niemały powód do dumy, skoro zaprezentowano ją Himmlerowi podczas jego pierwszej wizyty w Auschwitz w marcu 1941 roku. Druga (o wymiarach 120 × 100 cm) wyobrażała „Obóz główny i obozy przynależne". Trzecia wreszcie – „Beskidy i wysokie Tatry" – o identycznych wymiarach, modelowana w gipsie, a wytłoczona w masie papierowej, przeznaczona była najwidoczniej głównie do celów propagandowych, bowiem jeden z jej dwóch egzemplarzy miał być wysłany do Berlina. W duplikat, który pozostał w Oświęcimiu, Machnowski wkleił notatki o tym, co się działo w obozie. Spisał je na pergaminie pochodzącym z żydowskich modlitewników, wymyślonym przez siebie szyfrem. W tym czasie dwaj jego pomocnicy – Fusek i Władek – już nie żyli. Ich miejsce zajęli rzeźbiarze – Antoni Franczak i Tadeusz Stulgiński. Mieli oni wraz z Dunikowskim i Machnowskim sporządzić czwarty model plastyczny – „KL Auschwitz in Zukunft" („Obóz koncentracyjny Oświęcim w przyszłości"), jednak we wrześniu 1943 roku Xawery Dunikowski, podejrzany o przynależność do obozowej organizacji wojskowej, został osadzony w bunkrze i po wyjściu z niego nie wrócił już do pracy w rzeźbiarni, a Machnowski, wielokrotnie przesłuchiwany przez oddział polityczny, postarał się o zmianę zajęcia. Wykonanie nowego modelu „Oświęcimia przyszłości" nakazano więc Władysławowi Siwkowi, Tadeuszowi Paczesnemu i Zenonowi Frankowi, którzy pracowali w biurze budowlanym. Była to największa z powstałych w obozie makiet. Opracowana w skali 1:2500 składała się z sześciu płyt o powierzchni metra kwadratowego każda. Sporządzono ją na podstawie bardzo szczegółowych planów, pomiarów terenowych i zdjęć z lotu ptaka. Podobnie jak trzy wyżej opisane uległa zniszczeniu. Zachował się natomiast inny, znacznie skromniejszy, jeśli chodzi o rozmiary (101 × 172 cm), gipsowy model przyszłego rozbudowanego obozu. Makieta ta, na której można odczytać napis: „SS W. V. Hauptamt Amt C.IV. Berlin", znajduje się w zbiorach Państwowego Muzeum w Oświęcimiu.

Rozbudowa obozu tak zaprzątała wyobraźnię i uwagę jego kadry, że niemal każdy nowo powstający obiekt otrzymywał odpowiednią dokumentację; towarzyszył jej czasem model lub obraz olejny. Do tych zadań wykorzystywano m. in. Władysława Siwka, który w „Erweiterung" przedstawił terytorialny rozwój obozu, a w

„Union-Werke" budowę zakładów zbrojeniowych „Union".

Było też wiele innych „zadanych" tematów, na przykład: jak gasić pożar (cykl instruktażowych akwarel realizowali m. in. Piotr Hiroń, Bolesław Gozdawa, Henryk Matuszewski, Władysław Siwek), jak szkolić esesmanów w sposobach konwojowania kolumn więźniarskich i formach nadzorowania ich w czasie pracy. Rysunki do cyklu litografii na ten temat, zatytułowanego „Falsch-Richtig", wykonywał Niemiec Otto, osadzony w obozie za fałszowanie banknotów, a przenosił je na kamienie, trawił i odbijał Francuz Marcel. Prowadzono również dokumentację panujących w obozie chorób i „badań" medycznych. Leon Turalski, zatrudniony w szpitalu obozowym jako pielęgniarz, odtwarzał na planszach rozmieszczenie i barwy plam u chorych na tyfus, a także poszczególne fazy wylęgu i rozwoju wszy. Mieczysław Kościelniak dostał polecenie zaprojektowania plakatu ostrzegawczego „Eine Laus dein Tod" („Wesz to śmierć").

Na żądanie osławionego doktora Josepha Mengele Vladimir Zlamall i Dinah Gottliebova zmuszeni byli drobiazgowo rejestrować zmiany widoczne na twarzach wybranych więźniów – Cyganów „w badanym" przez tego hitlerowskiego oprawcę procesie chorobowym nomy. Gottliebova musiała poza tym malować barwne portrety Cyganów, którzy interesowali Mengelego jako materiał do „pracy naukowej" na temat fizycznego podobieństwa i cech budowy anatomicznej Cyganów pochodzących z różnych krajów. Ten wyznawca pseudonaukowych teorii o decydującym wpływie rasy na wartość jednostek i narodów dopuszczał się również eksperymentów na bliźniętach. Gottliebova miała więc za zadanie szczegółową „dokumentację porównawczą": odtwarzała na rysunkach kształt głów, uszu, nosów i kolor oczu par poddawanych tym doświadczeniom.

Analogiczne „badania" prowadził w Oświęcimiu już wcześniej, bo w roku 1940, inny zbrodniarz, dr Mayer. Wspomina o tym Kazimierz Szczerbowski, główny pisarz szpitala obozowego:

„Mayer zamierzał przeprowadzić badania naukowe z dziedziny antropologii. Zlecił mianowicie kapo rewiru, Hansowi Bockowi, wyszukanie wśród więźniów kilku artystów malarzy i rysowników dla sporządzenia rysunków wybranych przez niego osobników (...). Osobiście byłem pierwszym obiektem. Wyszukany przez kapo artysta malarz malował moją postać przez pół dnia. Wykonał kilka rysunków. Pozując wyobrażałem już sobie cały sztab ludzi zatrudnionych przy tej żmudnej pracy (...). Specjalne zainteresowanie okazał więźniowi Żydowi, Dawidowi Wongczewskiemu. Ten nieludzko skatowany przez strażników więziennych i oprawców spod znaku SS więzień zaprezentował chciwemu naukowcowi dodatkowo w całej okazałości wypadnięcie kiszki stolcowej z zaawansowaną martwicą. Ustawiony na specjalnie przyniesionym do tego celu stole Wongczewski był przedmiotem szczególnych oględzin przez około 20 minut. Lagerartz polecił chorego przyjąć na rewir, a następnie skopiować w kolorze i ołówku. Więzień ten zmarł jako pierwszy w KL Auschwitz"...

Wojenne cele III Rzeszy zdominowały wszystkie bez wyjątku dziedziny nauki i praktyki produkcyjnej. W jednej z oświęcimskich filii, podobozie w Rajsku, prowadzono na przykład badania nad rośliną „Kok-sagiz"; składnik uzyskany z soków jej korzenia miał zastąpić kauczuk przy produkcji gumy. Doświadczenia te także dokumentowano rysunkami, nad którymi pracowała słowacka artystka, Eva Gabanyi.

Niezależnie od „zleceń służbowych" esesmani nagminnie wykorzystywali artystów do swoich prywatnych celów. Musiało to być zjawisko na tyle powszechne, że Höss 8 lipca 1943 roku wydał rozkaz następującej treści:

„Stwierdziłem, że członkowie SS kazali więźniom wykonać dla siebie różne przedmioty bądź to obrazy czy inne rzekome dzieła sztuki, jak róże z blachy itp. Niezależnie od tego, że więźniowie mają być zatrudnieni przy pożytecznych pracach, zużywa się w sposób nieodpowiedzialny materiały, które obecnie można tylko z trudem uzyskać. Z całą surowością zakazuję wykonywania tego rodzaju »czarnych robót« i bez względu na osobę czy stopień służbowy członka SS, który w przyszłości takie bezsensowne kiczowate prace każe wykonać czy je zamówi, przedstawię Reichsführerowi do ukarania".

Rozkaz ten, rzecz jasna, nie dotyczył samego Lagerkomendanta, który z pogardzanych prac polskich więźniów robił prezenty prywatnym gościom i wizytującym obóz dostojnikom SS.

Oczywiście żaden formalny zakaz nie mógł zahamować lawiny esesmańskich zamówień na portrety własne i rodzinne, okolicznościowe kartki świąteczne i urodzinowe, papierośnice, kasetki, portfele, „Tierkreisy" (znaki Zodiaku). Te ostatnie zwłaszcza były wyjątkowo modne. Sam tylko Jan Liwacz wykonał 30 kompletów takich znaków według projektów Xawerego Dunikowskiego i Bolesława Ginina, warszawskiego architekta.

Życzenie każdego esesmana było dla więźnia

rozkazem. „Pracując jeszcze w Bauleitungu – wspomina Jan Baraś-Komski – codziennie portretowałem. Było to traktowane w pięćdziesięciu procentach jako mój zawód, nieomal jako obowiązek. Prace zabierali esesmani (...). Zdarzyło się, że jednemu esesmanowi nie mogłem zrobić – nie pamiętam dlaczego – portretu. Urażony tym, poskarżył się wyżej. Pewnej niedzieli wywołano mój numer obozowy i zostałem ukarany karną pracą wykonywaną właśnie w niedzielę. Wyrzucono mnie nawet z Bauleitungu".

Czasem inicjatywa wychodziła od samych twórców. Za wykonywane prace można było przecież pozyskać przychylność funkcyjnych, zdobyć trochę żywności i lekarstw albo uniknąć ciężkiej pracy.

Tadeusz Żaboklicki zatrudniony w stolarni często odwiedzał rzeźnię, gdzie pracował jego kolega, Lucjan Motyka. Aby zyskać przychylność esesmanów pilnujących rzeźni i uśpić ich czujność, Motyka robił im portrety podczas pracy, na co oni chętnie przystawali. Żaboklicki dostarczał ramy do tych portretów, częste kontakty obu więźniów były więc uzasadnione. Żaboklickiego przy wyjściu kontrolowano mniej dokładnie, mógł więc czasami przemycić z rzeźni trochę mięsa.

Drugą co do ważności sprawą angażującą wszystkie siły i całą pomysłowość więźniów-artystów był problem, jak przerzucić na wolność te prace, które uznawali za ważne. Czasem chodziło o własny portret przeznaczony dla rodziny, czasem o dzieło, które zdaniem autora powinno było ocaleć jako pamiątka, dokument, osiągnięcie artystyczne.

Najwięcej prac wydostawało się za druty za sprawą Polaków zatrudnionych w pobliżu obozu. Na przykład wspomniany już Alfred Skrabania korzystał z pomocy swego szkolnego kolegi, Franciszka Walizki z Rept Śląskich, maszynisty kolejki wąskotorowej. Ten, przejeżdżając obok składu drewna opałowego, pod jakimkolwiek pozorem zatrzymywał się niedaleko miejsca pracy Skrabani, który w odpowiednim momencie umieszczał swoje przesyłki we wskazanym wcześniej wagoniku.

Droga nielegalnych przesyłek Kościelniaka prowadziła poprzez pralnię w Bielsku-Białej, do której wraz z kolegami – pod konwojem SS – co jakiś czas odwoził odzież i bieliznę. Obok pralni mieszkał szewc, Józef Szpyra, z żoną i dziećmi. To młode małżeństwo od początku pomagało oświęcimiakom, mając za sprzymierzeńca pracownika pralni, Jakuba Marka ze Szczyrku. Niezastąpioną uczestniczką tych akcji była siedmioletnia córeczka Szpyrów, Jadzia, która pozorując zabawy z piłką mogła się zbliżyć do więźniów. Szpyrowie i Marek nie tylko odbierali i przesyłali dalej obrazy i grafiki Kościelniaka, lecz systematycznie dokarmiali więźniów, a nawet organizowali im spotkania z bliskimi. W bielskiej pralni Kościelniak zobaczył się ze swym bratem, Władysławem, i narzeczoną Ireną, Jan Wilczek z rodzicami, a Bernard Świerczyna z żoną.

Dla podobozu Jawischowitz (Jawiszowice) taką samą rolę jak bielska pralnia spełniała piekarnia Adolfa Madeja, przez którą wydostało się na wolność wiele prac Jacques'a Markiela.

Wincenty Gawron, przygotowując się do ucieczki w roku 1942, postanowił zabrać ze sobą prace własne i kolegów – Turalskiego i Gutkiewicza. W tym celu zrobiono mu w stolarni specjalny pojemnik składający się z dwóch wydrążonych desek. Gdy je sklejono, Kupiec wyrzeźbił na jednej głowę górala, upodobniając skrytkę do drewnianej płaskorzeźby. Ucieczka powiodła się, prace ocalały.

To tylko przykłady, wybrane spośród wielu. Liczne próby zakończyły się też niepowodzeniem i zniszczeniem wartościowych dzieł. Taki los spotkał między innymi dwa portrety pędzla Czesława Lenczowskiego, przedstawiające profesora Jana Stanisława Olbrychta i farmaceutę Czesława Cegielskiego. Płótna zwinięte w wałki usiłował przemycić więzień wywożący z obozu drewno, lecz przy bramie kazano mu wóz wyładować. Zarówno on sam, jak i sportretowani więźniowie zostali poddani przesłuchaniom. Prace zniszczono.

Ten i ów artysta pozbawiony kontaktów ze światem zewnętrznym próbował ukryć swe prace gdzieś w obozie z nadzieją, że przetrwają i zostaną odnalezione po wojnie. Tak, jeszcze do dziś na terenie byłego KL Auschwitz odnajdujemy te prace, pamiątki po ludziach, którym przyszło żyć i tworzyć w czasach pogardy.

Milionom zakatowanym w Auschwitz żywi mogą ofiarować tylko jedno – mądrą pamięć. Żyjemy w świecie wciąż rozdzieranym sprzecznościami. Współczesne narzędzia zagłady zdolne są unicestwić ludzkość wśród cierpień, dla których nie starcza wyobraźni. Na tych, którzy pamiętają Auschwitz, spoczywa tym większy moralny obowiązek uprzytomnienia światu, czym jest wojna.

Niech więc ten album przemówi mocniej niż słowa.

13 AUTOR NIEZNANY
Przybycie transportu na rampę

14 AUTOR NIEZNANY
Na rampie

15 AUTOR NIEZNANY
Rozdzielanie rodzin

16 TADEUSZ LECH
Żyd

17 AUTOR NIEZNANY
Do gazu I. Do gazu II

18 AUTOR NIEZNANY
Więzień

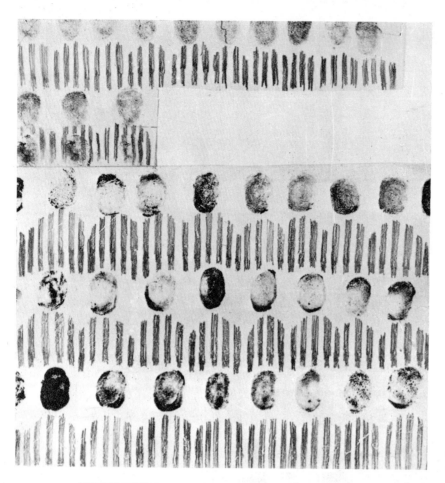

19 JÓZEF SZAJNA
Nasze życiorysy

20 PETER EDEL (HIRSCHWEH)
Autoportret

21 MIECZYSŁAW
KOŚCIELNIAK
Więźniowie oświęcimscy

22 MIECZYSŁAW
KOŚCIELNIAK
Obozowa egzystencja

23 ANTONI SUCHECKI
Häftling (Więzień)

24 MIECZYSŁAW KOŚCIELNIAK
Więźniarka Oświęcimia

25 MIECZYSŁAW
KOŚCIELNIAK
Apel

26 WINCENTY GAWRON
Wymarsz do Abbruchu

27 FRANCISZEK
WIECZORKOWSKI
Praca przy walcu

28 WALDEMAR NOWAKOWSKI
Budowa Oświęcimia

29 WŁODZIMIERZ SIWIERSKI
Więźniowie przy regulacji Soły

30 WŁODZIMIERZ SIWIERSKI
Placowi

31 WŁODZIMIERZ SIWIERSKI
Rzeźbiarze

32 WŁODZIMIERZ SIWIERSKI
Rzeźba

33 MIECZYSŁAW
KOŚCIELNIAK
Sortowanie butów

34 WŁADYSŁAW SIWEK
Budowa Erweiterungu (Budowa obozu)

35 WŁADYSŁAW SIWEK
Budowa Werkhalle (Budowa zakładu przemysłowego)

36 AUTOR NIEZNANY
Königsgraben (Rów królewski)

37 WINCENTY GAWRON
Apel

38 AUTOR NIEZNANY
Falsch-Richtig (Źle-Dobrze)

39 WŁODZIMIERZ SIWIERSKI
Dzień wolny od pracy

40 MIECZYSŁAW KOŚCIELNIAK
Muzułmanie

41 WALDEMAR NOWAKOWSKI
Chorzy

42 *AUTOR NIEZNANY*
Wykonywanie kary

43 *AUTOR NIEZNANY*
Bicie. Praca

44 *AUTOR NIEZNANY*
Znęcanie się w pracy

45 JÓZEF KRAWCZYK
Kapo

46 AUTOR NIEZNANY
Brzezinka, bloki 7 i 8

47 AUTOR NIEZNANY
Wyselekcjonowani

48 JÓZEF SZAJNA
Blok 11 – wywołanie na rozwałkę

49 MIECZYSŁAW KOŚCIELNIAK
Szukanie wszy

50 MIECZYSŁAW KOŚCIELNIAK
Wesz to śmierć

51 MIECZYSŁAW
KOŚCIELNIAK
Więźniowie (3a)

52 AUTOR NIEZNANY
Śmierć na drutach. Wieża wartownicza

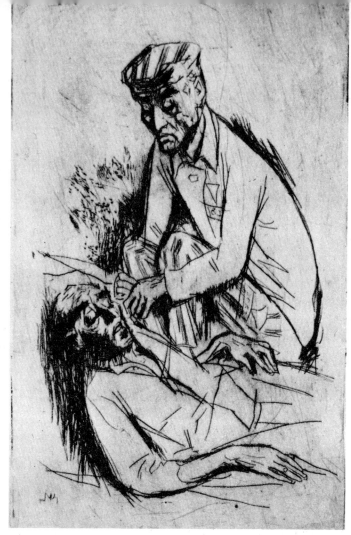

53 MIECZYSŁAW
KOŚCIELNIAK
Koledzy

54 MIECZYSŁAW
KOŚCIELNIAK
Więźniowie I

55 WŁODZIMIERZ SIWIERSKI
Zupa

56 AUTOR NIEZNANY
Wydawanie posiłku. Kuchnia

57 WALDEMAR NOWAKOWSKI
Obiad

58 MIECZYSŁAW
KOŚCIELNIAK
List z domu

59 MIECZYSŁAW
KOŚCIELNIAK
List z domu

60 MIECZYSŁAW
KOŚCIELNIAK
Pisanie listu

61 MIECZYSŁAW
KOŚCIELNIAK
Załatwiony

62 MIECZYSŁAW
KOŚCIELNIAK
Koleżeńska przysługa

63 WALDEMAR
NOWAKOWSKI
Sztaple w kostnicy

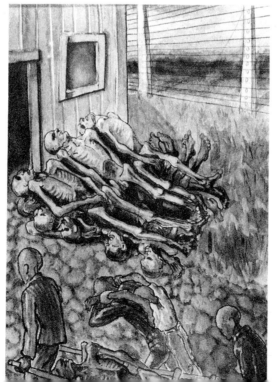

64 MIECZYSŁAW
KOŚCIELNIAK
Powrót z pracy

65 SZCZEPAN
ANDRZEJEWSKI
Portret Maksymiliana Piłata

66 JAN MIECZYSŁAW (BARAŚ, NOSEK) KOMSKI
Portret Kazimierza Jarzębowskiego

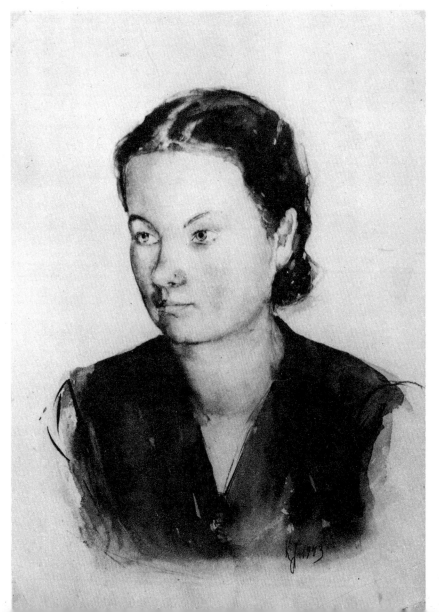

67 JAN MIECZYSŁAW (BARAŚ, NOSEK) KOMSKI
Portret Władysławy Harat

68 JAN MIECZYSŁAW (BARAŚ, NOSEK) KOMSKI
Portret Andrzeja Harata

69 JAN MIECZYSŁAW (BARAŚ, NOSEK) KOMSKI
Portret Stefanii Harat

70 *JEAN BARTISCHAN*
Portret mężczyzny w kaszkiecie

71 JEAN PAUL CLAUDE
Portret Wiesława Kalwody

72 JACEK DĄBROWSKI
Portret Mieczysława Zawierki

73 *JACQUES DE METZ*
Portret Jerzego Rogocza

74 *STEFAN DIDYK*
Portret Władysławy Kożusznik

75 *XAWERY DUNIKOWSKI* ▶
Portret Mariana Ruzamskiego

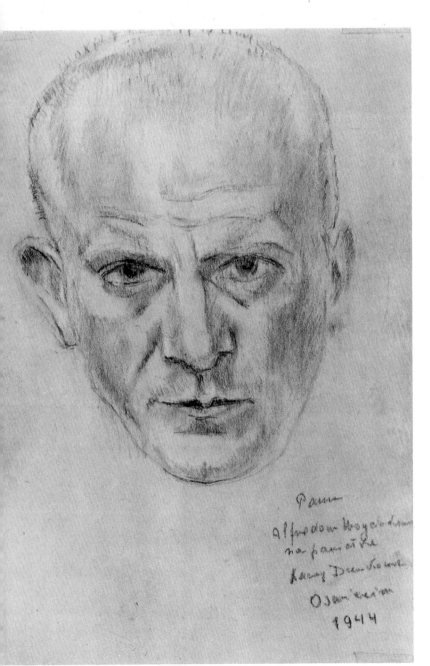

76 XAWERY DUNIKOWSKI
Portret Alfreda Woycickiego

77 DAVID FRIEDMAN
Portret Jerzego Stanisława Severy

78 WINCENTY GAWRON
Portret Stanisława Gutkiewicza

79 WINCENTY GAWRON
Portret Pawła Żura

80 BOLESŁAW GOZDAWA-PIASECKI
Portret Zbigniewa Budzyńskiego

*81 DINAH GOTTLIEBOVA
(BABBITT)
Półkrwi Cyganka z Francji*

82 DINAH GOTTLIEBOVA
(BABBITT)
Półkrwi Cygan z Francji

83 DINAH GOTTLIEBOVA
(BABBITT)
Półkrwi Cygan z Niemiec

*84 DINAH GOTTLIEBOVA
(BABBITT)*
Cyganka z Polski

*85 DINAH GOTTLIEBOVA
(BABBITT)*
Półkrwi Cygan z Niemiec

86 STANISŁAW GUTKIEWICZ
Portret Henryka Bartosiewicza

87 STANISŁAW GUTKIEWICZ
Portret Tomasza Serafińskiego

88 STANISŁAW GUTKIEWICZ
Portret dr. Františka Beneša

89 STANISŁAW GUTKIEWICZ
Portret Jana Brabca

90 STANISŁAW GUTKIEWICZ
Portret Bedřicha Jentovskiego

91 WASYL IWANOW
Portret Józefa Nowaka

92 FRANCISZEK JAŹWIECKI
Autoportret

93 FRANCISZEK JAŹWIECKI
Portret nieznanego więźnia

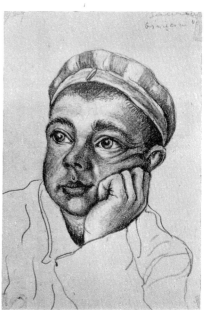

94 FRANCISZEK JAŹWIECKI
Portret Józefa Gucwy

95 FRANCISZEK JAŹWIECKI
Portret Igora Dryga

96 FRANCISZEK JAŹWIECKI
Portret Daniela Boguszewskiego

97 FRANCISZEK JAŹWIECKI
Portret nieznanego więźnia

98 MIECZYSŁAW
KOŚCIELNIAK
Autoportret

99 MIECZYSŁAW
KOŚCIELNIAK
Karykatura Władysława Fejkla

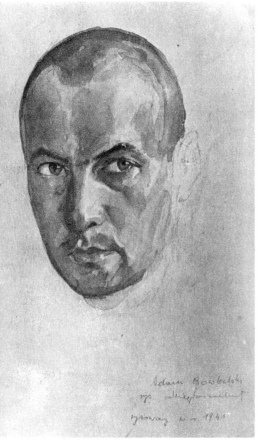

100 MIECZYSŁAW
KOŚCIELNIAK
Portret Adama Bowbelskiego

*101 MIECZYSŁAW
KOŚCIELNIAK*
Portret Xawerego Dunikowskiego

102 MIECZYSŁAW
KOŚCIELNIAK
Portret Franciszka Targosza

103 MIECZYSŁAW
KOŚCIELNIAK
Portret Henryka Kwiatkowskiego

104 MIECZYSŁAW
KOŚCIELNIAK
Portret Jana Barasia Komskiego

105 MIECZYSŁAW
KOŚCIELNIAK
Raynoch i kolega

106 BRONISŁAW LATAWIEC
Portret Leona Matei

107 CZESŁAW LENCZOWSKI
Portret Alfreda Skrabani

108 EDITH LINKS
Portret Ernestyny Lassok

109 JAN JANUSZ
MACHNOWSKI
Portret Wincentego Gawrona

110 JAN JANUSZ
MACHNOWSKI
Portret Leopolda Brodzińskiego

III JACQUES MARKIEL
Portret Jana Zdzisława Palasińskiego

112 JACQUES MARKIEL
Portret Wandy Baklarz-Hoder

113 JACQUES MARKIEL
Portret Gézy Scheina

114 JÓZEF MROZEK
Głowa więźnia

115 JÓZEF MROZEK
Portret młodego więźnia

116 NATHAN
Portret Rafała Kocika

117 TADEUSZ PACZESNY
Portret Tadeusza Kubiaka

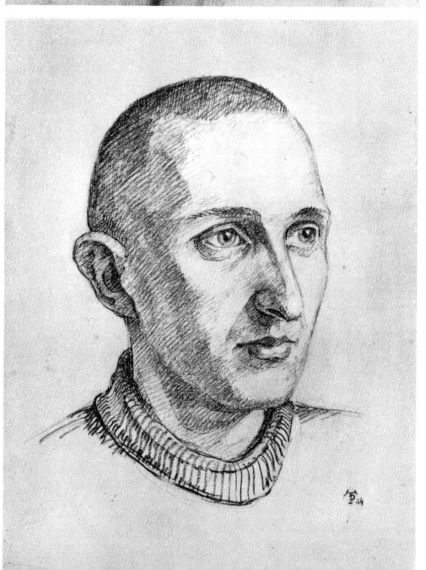

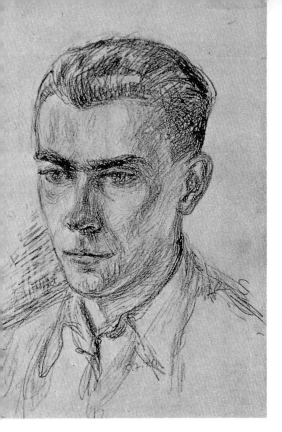

118 WŁADYSŁAW ZBIGNIEW RAYNOCH
Portret Edwarda Pysia

119 MARIAN RUZAMSKI
Portret Józefa Mrozka

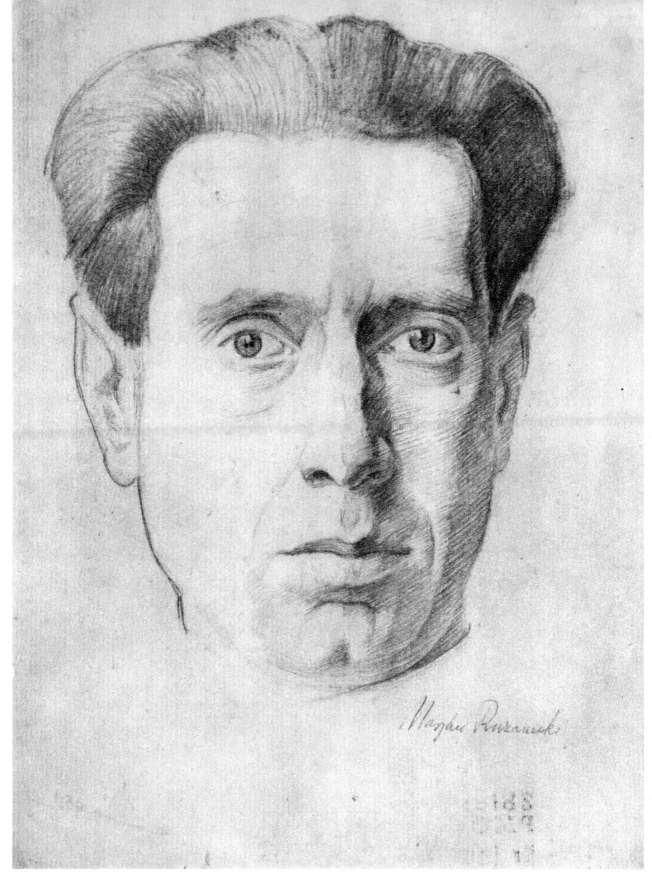

120 MARIAN RUZAMSKI
Autoportret

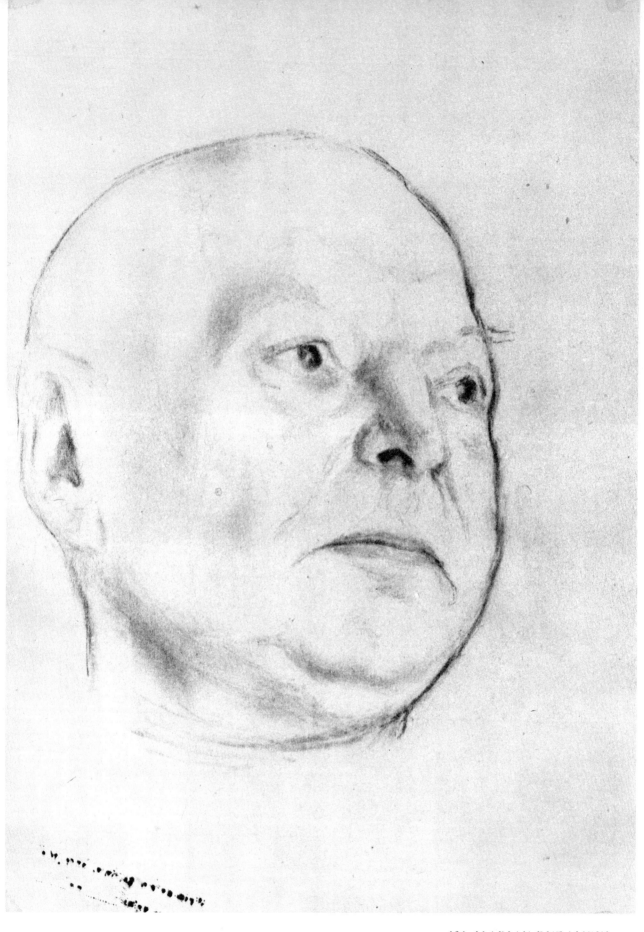

121 MARIAN RUZAMSKI
Portret Xawerego Dunikowskiego

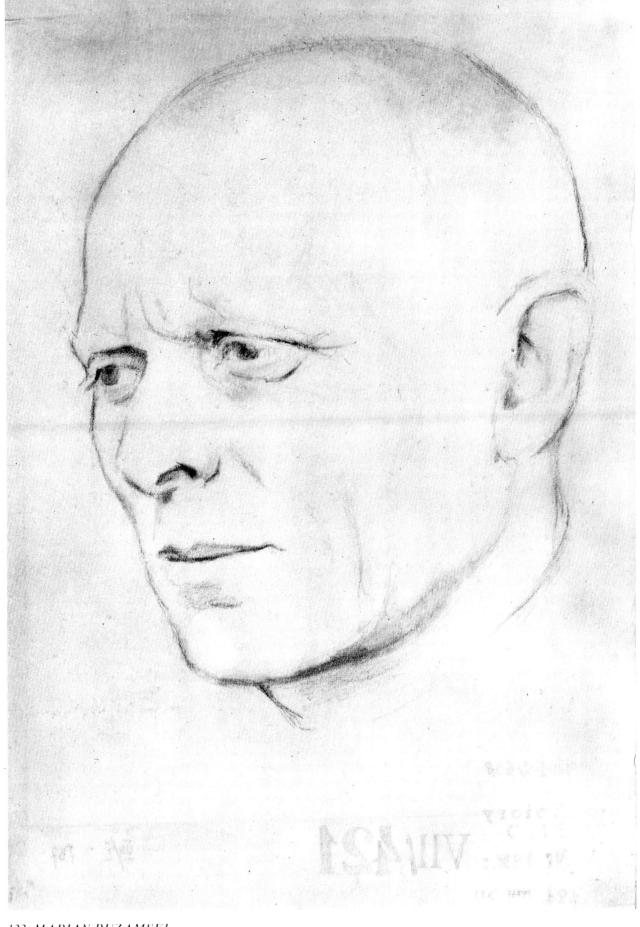

122 MARIAN RUZAMSKI
Portret Zenona Franka

123 MARIAN RUZAMSKI
Portret Edwarda Biernackiego

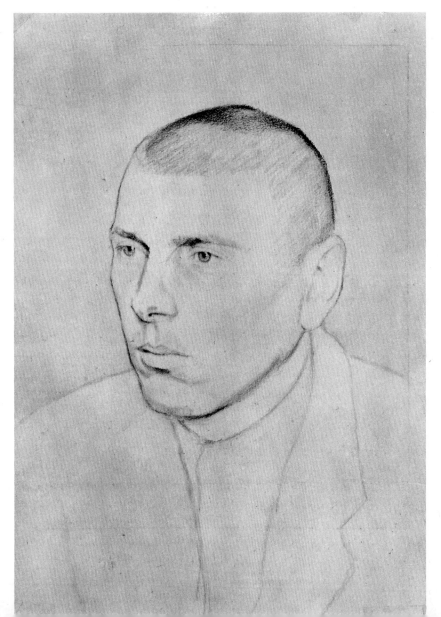

124 MARIAN RUZAMSKI
Portret Mieczysława Kiety

125 WŁODZIMIERZ SIWIERSKI
Apel

126 WŁODZIMIERZ SIWIERSKI
Niedziela

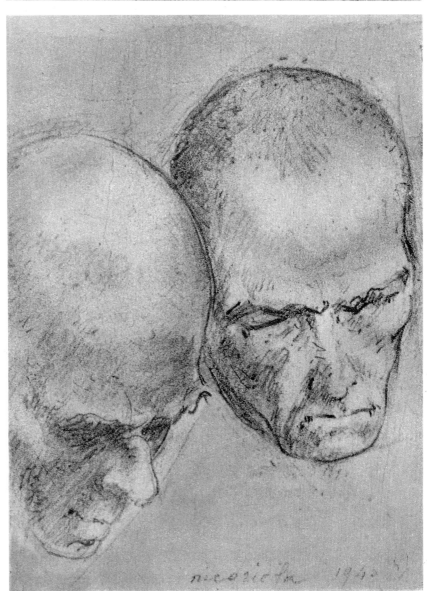

127 ZOFIA STĘPIEŃ (BATOR)
Portret Zofii Posmysz

128 ZOFIA STĘPIEŃ (BATOR)
Portret Marii Ślisz

129 ZOFIA STĘPIEŃ (BATOR)
Portret Mally Zimetbaum

130 LEON TURALSKI
Portret Antoniego Urbańskiego

131 LEON TURALSKI
Portret więźnia ▶

132 LEON TURALSKI
Portret Wilhelma Żelaznego

133 LEON TURALSKI
Portret Czesława Jaszczyńskiego ▶

134 JANINA UNKIEWICZ
(GOŁĘBIOWSKA)
Portret Stanisławy Rachwałowej

135 JANINA UNKIEWICZ
(GOŁĘBIOWSKA)
Portret Anieli Lassok

136 JANINA UNKIEWICZ
(GOŁĘBIOWSKA)
Portret Ernestyny Lassok

137 MARIAN WALIŃSKI
Portret Franciszka Szasta

138 MARIAN WALIŃSKI
Portret Jana Wyki

139 ROMAN ZADORECKI
Autoportret

140 VLADIMIR ZLAMALL
Portret Eugeniusza Prusinowskiego

141 AUTOR NIEZNANY
Portret Ludwika Kowalczyka

142 *AUTOR NIEZNANY*
Portret Reinholda Puchały

143 AUTOR NIEZNANY
Portret Heleny Wierzbickiej

144 AUTOR NIEZNANY
Portret Heleny Płotnickiej

145 AUTOR NIEZNANY
Portret Henryka Jończyka

146 AUTOR NIEZNANY
Portret Stanisława Chybińskiego

147 AUTOR NIEZNANY
Portret Alberta Frecke

148 MIECZYSŁAW KOŚCIELNIAK
Zur Freiheit (Do wolności)

149 DOMINIK ČERNY
Brzozowy las

150 WASYL GOŁUB (HOŁUB)
Wioska w zimie

151 BOLESŁAW ZADURSKI
Bzy

152 FRANCISZEK TADEUSZ MYSZKOWSKI
Szałas górski

153 ANTONI SUCHANEK
Fregaty

154 JERZY POTRZEBOWSKI
Wierzchowce

155 JIŘI (GEORG) JILOVSKÝ
Krajobraz z brzozą

156 CZESŁAW HENRYK KACZMARCZYK
Niedziela na Mazowszu

157 EUGENIUSZ
SZPARKOWSKI
Rynek w Litomierzycach

158 FRANZ (FRANCIS) REISZ
Pont Marie w Paryżu

159 LEOKADIA SZYMAŃSKA
Choinka

160 FRANCISZEK PACIOREK
(prawdopodobnie)
Chrystus na krzyżu

161 AUTOR NIEZNANY
Sarkofag

162 JAN LIWACZ
Kasetka

163 KAREL ROUBIČEK
Kasetka

aneksy

Biogramy twórców

ANDRZEJEWSKI SZCZEPAN

nr obozowy 123 875

Malarz. Urodzony 13 I 1892 w Łodzi, zmarł 4 XI 1950 w Sieradzu. W latach 1910-14 studiował w Königliche Bayerische Akademie w Monachium. Po powrocie do kraju w latach 1916-23 był nauczycielem rysunku i malarstwa w gimnazjach łódzkich. W 1923 zorganizował Szkołę Rysunku i Malarstwa w Łodzi, a w 1933 Letnią Szkołę Malarską w Wośnikach pod Sieradzem. Placówkami tymi kierował do 1939. Wykształcił liczne grono malarzy młodej generacji, m. in.: J. Krawczyka, B. Hochlingera, Z. Hessa. W listopadzie 1939 aresztowany w Wośnikach i uwięziony w Sieradzu, po czym w tym samym roku zwolniony. W 1942 aresztowany ponownie i, po pobycie w łódzkim więzieniu gestapo i Radogoszczy, 4 VI 1943 osadzony w KL Auschwitz. Pracował w komandzie ,,Neue Wäscherei" (nowa pralnia). W niedziele i wieczorami w muzeum obozowym malował portrety współwięźniów, sceny rodzajowe oraz pejzaże. 26 VIII 1944 przeniesiony do Kaufering (filia KL Dachau), a następnie do Dachau. Skierowany do pracy w fabryce porcelany ,,Allach", wraz z więźniem Oświęcimia, Pawłem Lutczynem (nr obozowy 162 156), zdobił w tamtejszej malarni lichtarze, figurki i inne przedmioty projektowane przez więźnia, prof. T. Körnera. Po wojnie, w październiku 1945, powrócił do Wośnik. Mimo złego stanu zdrowia wznowił działalność artystyczną i społeczną. W latach 1945-48 stworzył cykl prac przedstawiających życie więźniów w obozach, w których przebywał. Malował również pejzaże wsi nadwarciańskich, typy ludowe i kompozycje alegoryczne. W latach 1923-38 miał 20 wystaw indywidualnych w Łodzi, a w 1946 dwie wystawy w Sieradzu i w Łodzi. W 1953 Muzeum w Sieradzu zorganizowało pierwszą pośmiertną wystawę jego prac. Obrazy artysty znajdują się m. in. w Muzeum Sztuki w Łodzi, w Muzeum w Sieradzu oraz w Państwowym Muzeum w Oświęcimiu.

BARTISCHAN JEAN

nr obozowy 176 124

Urodzony 2 XI 1919 w Nagyvarad (Rumunia). Przed 1940 był studentem. 30 III 1944 został przywieziony do KL Auschwitz transportem żydowskim z Drancy, a 5 IV 1944 przeniesiony do podobozu Golleschau (Goleszów) i zatrudniony w miejscowej cementowni, rysował portrety współwięźniów oraz rodzime pejzaże. W pomieszczeniach mieszkalnych więźniów wykonał węglem na ścianach sześć rysunków ukazujących ich pracę w cementowni i kamieniołomach. Rysunki te przetrwały do czasów powojennych. Losy autora po 1944 nie są znane.

BOWBELSKI ADAM

nr obozowy 4135

Grafik. Urodzony 14 X 1903 we Władywostoku, zmarł 24 IV 1968 w Warszawie. W latach 1924-28 studiował w Politechnice Warszawskiej (Wydział Architektury), a w latach

1930–32 w Akademii Sztuk Pięknych w Warszawie (u prof. prof. K. Tichego i E. Bartłomiejczyka). W latach 1929–39 był członkiem Koła Artystów Grafików Reklamowych (KAGR). Uprawiał grafikę reklamową, wydawniczą, architekturę wnętrz, a od 1929 również plakat. Aresztowany podczas łapanki ulicznej w Warszawie, 22 IX 1940 przywieziony do KL Auschwitz. Pracował w komandzie „Schlosserei" (ślusarnia) oraz w „Deutsche Ausrüstungswerke" (DAW – Niemieckie Zakłady Wyposażenia), gdzie wykonywał projekty rzeźbiarskie mebli. Współpracował z muzeum obozowym. Malował pejzaże, kompozycje witrażowe, kartki okolicznościowe, portretował kolegów i zdobił rysunkami ich listy obozowe. Zwolniony z obozu 27 III 1942. Po wojnie mieszkał i pracował w Warszawie, początkowo jako kierownik artystyczny Pracowni Graficznej Urzędu Informacji i Propagandy, a potem „Poradnika Społecznego" przy Ministerstwie Kultury i Sztuki. W twórczości swej do tematyki oświęcimskiej nie powracał. W okresie członkostwa w KAGR oraz w latach 1947–67 uczestniczył w wielu krajowych i zagranicznych wystawach i konkursach plastycznych, zdobywając liczne nagrody i wyróżnienia, a wśród nich Grand Prix na międzynarodowej wystawie „Art et Technique" w Paryżu (1937). W 1955 odznaczony Złotym Krzyżem Zasługi. Plakaty artysty znajdują się m. in. w zbiorach Muzeum Plakatu w Wilanowie i Muzeum Historii Polskiego Ruchu Rewolucyjnego w Warszawie, zaś prace obozowe – w Państwowym Muzeum w Oświęcimiu.

CLAUDE JEAN PAUL

nr obozowy A-16 537

Urodzony 16 I 1926 w St. Maire (Francja). 4 VII 1944 przywieziony do KL Auschwitz transportem żydowskim z Drancy. Pracował w kopalni węgla kamiennego w podobozie Fürstengrube (Wesoła k. Mysłowic). Jego obozowe prace to portrety współwięźniów. Losy autora po 1944 nie są znane.

CZECH BRONISŁAW

nr obozowy 349

Urodzony 25 VII 1908 w Zakopanem, zmarł 5 VI 1944 w KL Auschwitz. Wybitny i wszechstronny narciarz, a także taternik, ratownik górski, szybownik oraz plastyk. W latach 1925–27 kształcił się w Szkole Przemysłu Drzewnego w Zakopanem pod kierunkiem prof. prof. S. Barabasza i K. Stryjeńskiego, a w latach 1932–35 w Centralnym Instytucie Wychowania Fizycznego w Warszawie. Od 1925 członek zakopiańskiego klubu sportowego – Sekcja Narciarska Polskiego Towarzystwa Tatrzańskiego (SNPTT). Szesnastokrotny mistrz Polski, po raz pierwszy zdobył ten tytuł w 1928. Pięciokrotnie startował w Mistrzostwach Europy, trzykrotnie uczestniczył w igrzyskach olimpijskich (St. Moritz 1928, Lake Placid 1932, Garmisch-Partenkirchen 1936). W 1928 został nieoficjalnym mistrzem świata w biegu zjazdowym. Do 1939 startował we wszystkich ważniejszych zawodach w kraju i za granicą, uzyskując łącznie ponad sto nagród. W 1930 za wybitne osiągnięcia sportowe odznaczony Srebrnym Krzyżem Zasługi. W latach 1936–39 kierował szkołą narciarstwa zjazdowego na Kasprowym Wierchu. W 1939 zaangażował się w konspiracyjną walkę z okupantem, prawdopodobnie jako kurier tatrzański. Aresztowany 14 V 1940 w Zakopanem po pobycie w więzieniu gestapo „Palace" oraz w Tarnowie, 14 VI 1940 osadzony w KL Auschwitz. Pracował w komandzie „Tischlerei" (stolarnia), a następnie w „Schnitzerei" (snycernia), gdzie wykonywał drewniane łyżki i saboty oraz rzeźbił figurki, podstawki pod kałamarze, okładki albumowe, kasetki, talerze, tabakierki. Od grudnia 1941 podobne przedmioty wytwarzał w muzeum obozowym, gdzie także malował. Jego specjalnością było malarstwo na szkle, a dominującym tematem pejzaż tatrzański i góralskie sceny rodzajowe, realizowane także w rysunku i pracach olejnych. Cała twórczość artysty przepojona jest tęsknotą za przyrodą, Tatrami i wolnością, którą podobno mógł odzyskać za podjęcie się roli instruktora kadry niemieckich narciarzy. W lutym 1944 wraz z przyjacielem, więźniem Izydorem Łuszczkiem (nr obozowy 783), został przeniesiony z muzeum do obsługi biur SS w baraku „Arbeitseinsatz" (zatrudnienie więźniów). W marcu 1944, gdy stan jego zdrowia uległ znacznemu pogorszeniu, umieszczono go w szpitalu obozowym w bloku nr 20, gdzie po trzech miesiącach zmarł mimo troskliwej opieki współwięźniów, zwłaszcza polskich lekarzy. W 1967 pośmiertnie odznaczony Krzyżem Walecznych. Od 1945 rozgrywane są corocznie Międzynarodowe Zawody Narciarskie o Memoriał Bronisława Czecha i Heleny Marusarzówny. W 1983 otwarto Izbę Pamięci Bronisława Czecha – Oddział Muzeum Tatrzańskiego w Zakopanem. W Izbie tej oraz w zbiorach Państwowego Muzeum w Oświęcimiu znajduje się kilkadziesiąt jego obozowych rysunków i szkiców, obrazów olejnych i na szkle, artystycznych przedmiotów użytkowych, a także zdobionych rysunkami obozowych listów.

ČERNY DOMINIK

nr obozowy 66 947

Malarz i grafik. Urodzony 4 VIII 1903, zmarł w czerwcu 1973 w Hluku (Czechosłowacja). 2 X 1942 osadzony w KL Auschwitz. Pracował w komandzie „Bauleitung – Malerei" (malarnia biura budowlanego), a następnie w malarni DAW. Wieczorami i w niedziele w muzeum obozowym malował pejzaże górskie oraz sceny folklorystyczne. 20 VIII 1943 został przeniesiony do KL Buchenwald, a następnie do podobozu Dora, gdzie do wyzwolenia pracował przy budowie podziemnej sztolni. Po wojnie powrócił na Morawy i wznowił działalność artystyczną. Tworzył głównie drzeworyty, w których znalazły odbicie również jego przeżycia obozowe. Wydano je w dwóch tekach: „Oswientim" (1951) i „KL Sangerhausen" (1953).

DĄBROWSKI JACEK

Malarz. Daty urodzenia i śmierci nie są znane. Zginął w KL Auschwitz. Prawdopodobnie pochodził z Krakowa, gdzie studiował w Akademii Sztuk Pięknych. W obozie oświęcimskim portretował współwięźniów, co potwierdza sygnatura portretu więźnia Mieczysława Zawierki (nr obozowy 20 419), wykonanego w kwietniu 1942 w szpitalu obozowym w bloku nr 20 na odwrocie wykresu gorączkowego. Brak danych nie pozwala na bliższą identyfikację artysty, a zatem i ustalenie okoliczności jego śmierci. Jest prawdopodobne, iż właśnie do jego życiorysu odnosi się informacja o „szpilowaniu", odnotowana przez D. Czech w „Kalendarzu wydarzeń obozowych" pod datą 28 X 1942:

„około godziny dwunastej w południe przybył do bloku szpitalnego nr 20 Rapportführer Palitzsch i polecił wydać karty chorobowe pięciu więźniom, m. in. adwokata Maxa Webera (nr obozowy 39 610), Mieczysława Krupisza (nr obozowy 13 909) oraz Dąbrowskiego, którzy jako chorzy zostali zatrzymani przez pflegerów i nie stawili się na wezwanie oddziału politycznego. Po zarządzeniu »Blocksperre« sprowadzono ich na parter bloku do Waschraumu, gdzie zostali zabici dosercowymi zastrzykami fenolu".

DE METZ JACQUES

Urodzony 3 X 1921 w Anvers (Belgia). 6 XI 1942 przywieziony do KL Auschwitz transportem żydowskim z Drancy, liczącym 1010 osób, z którego po selekcji skierowano do obozu 269 mężczyzn, oznaczając ich numerami 73 219-73 482; wśród nich znajduje się nr obozowy artysty. W 1944 pracował w hucie w podobozie „Eintrachthütte" (Świętochłowice), skąd w styczniu 1945 został przeniesiony do KL Mauthausen. Dalsze jego losy nie są znane.

DIDYK STEFAN

nr obozowy 11 752

Rzeźbiarz. Urodzony 24 XII 1908 w Zbarażu. Przed 1939 rzeźbił w drewnie figurki oraz przedmioty użytkowe dla sklepów pamiątkarskich. W 1940 aresztowany i osadzony w więzieniu na Montelupich w Krakowie, skąd 5 IV 1941 przewieziony do KL Auschwitz. Pracował w stolarni, rzeźbiarni oraz w muzeum, gdzie wykonywał intarsjowane kasetki, cygarniczki, okładki do kalendarzy i notatników oraz napisy na tablicach i szyldach. 8 IV 1942 przekazany do dyspozycji gestapo w Nowym Sączu, a następnie ponownie wysłany do KL Auschwitz, skąd 28 X 1944 przeniesiony do podobozu Leitmeritz (KL Flossenbürg). Jeszcze podczas kwarantanny zaczął rzeźbić figurki i szachy. Wkrótce z jego inicjatywy utworzono kilkuosobowe komando „Holzschnitzerei" (rzeźbiarnia), którym kierował. W komandzie tym znaleźli schronienie tacy więźniowie Oświęcimia, jak Józef Kret (nr obozowy 20 020), Henryk Matuszewski (nr obozowy 5 860) i Witold Wierusz (nr obozowy 9 479). 8 V 1945 w Litomierzycach odzyskał wolność. Po zakończeniu wojny powrócił do Polski. W latach pięćdziesiątych przebywał we Wrocławiu.

DUNIKOWSKI XAWERY

nr obozowy 774

Wybitny rzeźbiarz i malarz. Urodzony 29 XI 1875 w Krakowie, zmarł 26 I 1964 w Warszawie. Studia rozpoczął w pracowniach rzeźbiarzy warszawskich, B. Syrewicza i L. Wasilkowskiego. Kontynuował je w Szkole Sztuk Pięknych w Krakowie (u prof. prof. A. Dauna i K. Laszczki). W latach 1904-10 był profesorem w Szkole Sztuk Pięknych w Warszawie. Od 1914 do 1921 przebywał w Londynie i w Paryżu. Po powrocie do kraju objął w 1921 stanowisko profesora Akademii Sztuk Pięknych w Krakowie. Od 1908 do 1939 był członkiem Towarzystwa Artystów Polskich „Sztuka". 24 IV 1940 aresztowany w Krakowie i osadzony w więzieniu na Montelupich, skąd 20 VI 1940 przywieziony do KL Auschwitz. Liczył już wówczas 65 lat i był jednym z najstarszych więźniów obozu. Początkowo pracował w komandzie „Kartoffelschälerei" (obieralnia ziemniaków), potem w stolarni i rzeźbiarni przy wyrobie łyżek i sabotów. Od jesieni 1940 pracował przy realizacji modeli plastycznych obozu, początkowo wraz z Janem Machnowskim, a od 1943 w „Bekleidungswerkstätten-Lederfabrik" (warsztaty odzieżowe - garbarnia) również z Tadeuszem Stulgińskim (nr obozowy 31 315). Podejrzany o przynależność do tajnej organizacji, 25 IX 1943 został osadzony w bunkrze bloku nr 11. Po zwolnieniu z bunkra (9 XI 1943) powrócił do pracy w garbarni. Więźniowie, z którymi pracował, zwłaszcza Jan Machnowski oraz jego byli uczniowie, otaczali go troskliwą opieką. Wielokrotnie, gdy zachodziła potrzeba, chronili go polscy lekarze w szpitalu obozowym. Im też zawdzięcza życie, gdy w 1942 podczas epidemii duru znalazł się w grupie więźniów wyselekcjonowanych do gazu. W szpitalu tym przebywał nieprzerwanie od kwietnia 1944 do chwili wyzwolenia obozu (27 I 1945). Wykonał wówczas wiele szkiców i portretów współwięźniów. Po wyzwoleniu wznowił pracę artystyczną i pedagogiczną w Akademii Sztuk Pięknych w Krakowie. W 1955 został profesorem warszawskiej Akademii Sztuk Pięknych. W 1959 objął równocześnie Katedrę Rzeźby w Państwowej Wyższej Szkole Sztuk Plastycznych we Wrocławiu. W 1962 został honorowym członkiem l'Accademia Fiorentina delle Arti del Disegno. Tworzył rzeźby portretowe, architektoniczne, cykle głów wawelskich i monumentalne pomniki, m. in. Czynu Powstańczego na Górze św. Anny (1955), Wyzwolenia Ziemi Mazursko-Warmińskiej w Olsztynie (1953), Żołnierza Polskiego w Warszawie (1963). Przeżycia obozowe znalazły odbicie w cyklu obrazów „Oświęcim", które wykonał w latach 1948-55. Od 1902 brał udział w licznych konkursach i wystawach, zdobywając wiele nagród i medali. Indywidualnie wystawiał swe prace m. in. w Krakowie (1902,

1909, 1924, 1931, 1939, 1948), Warszawie (1905, 1907, 1932, 1938, 1948, 1949, 1955, 1956, 1958, 1961), Sopocie (1949). W 1964 zorganizowano pierwszą pośmiertną wystawę jego prac we Wrocławiu. Odznaczony najwyższymi odznaczeniami państwowymi: Krzyżem Oficerskim Orderu Odrodzenia Polski (1928), Krzyżem Komandorskim Orderu Odrodzenia Polski (1936), Krzyżem Komandorskim z Gwiazdą Orderu Odrodzenia Polski (1948), Orderem Budowniczego Polski Ludowej (1949) i Orderem Sztandaru Pracy I Klasy (1955). 26 I 1965 w pierwszą rocznicę śmierci artysty otwarto Muzeum im. Xawerego Dunikowskiego - Oddział Muzeum Narodowego w pałacu w Królikarni w Warszawie.

EDEL (HIRSCHWEH) PETER

nr obozowy 164 145

Malarz i grafik. Urodzony 12 VII 1921 w Berlinie, zmarł 7 V 1983 w Berlinie (NRD). Jesienią 1943 osadzony w obozie koncentracyjnym Gross Beeren, skąd 19 XI 1943 przewieziony do KL Auschwitz, a w 1944 do KL Sachsenhausen. Tam zaprzyjaźnił się z artystą grafikiem Leo Haasem, uprzednio również więźniem KL Auschwitz, i wraz z nim pracował w komandzie fałszerzy banknotów i znaczków pocztowych. W obozach wykonywał portrety współwięźniów. W 1945 przebywał w KL Mauthausen, a potem kolejno w podobozach „Schlier Redl-Zipf" i Ebensee, gdzie został wyzwolony 6 V 1945. Po wojnie pracował w Austrii jako malarz, ilustrator wydawnictw książkowych oraz eseista i publicysta. W 1948 powrócił do Berlina (NRD). Dziennikarz, krytyk literacki i filmowy. W 1947 opublikował swą pierwszą powieść o tematyce okupacyjnej „Schwester der Nacht", a w 1969 powieść autobiograficzną „Die Bilder des Zeugen Schattmann" sfilmowaną w 1972. W 1961 otrzymał nagrodę Heinricha Heinego, a w 1970 Nagrodę Państwową. Odznaczony Orderem Pracy (1968) i Orderem Karola Marksa (1978). Jego prace obozowe znajdują się m.in. w zbiorach Nationale Mahn- und Gedenkstätte Sachsenhausen i w Państwowym Muzeum w Oświęcimiu.

FRIEDMAN DAVID

nr obozowy B-8600

Malarz. Urodzony 20 XII 1893 w Ostrawie (Czechosłowacja), zmarł 27 II 1980 w St. Louis (USA). Od 1911 pracował jako malarz firm reklamowych w Berlinie, a od 1914 do 1917 studiował w berlińskiej Akademie der Kunste (u prof. prof. L. Corintha i H. Strucka). W 1938, chcąc uniknąć prześladowań, wyjechał wraz z rodziną do Pragi. 17 X 1941 został jednak deportowany do getta Litzmannstadt (Łódź), w którym przeżył 3 lata. 2 IX 1944 przeniesiony do KL Auschwitz. Pracował w podobozie Gleiwitz I (Gliwice). Jest autorem portretów współwięźniów. 18 I 1945 ewakuowany do podobozu Blechhammer (Blachownia Śląska) i tam wyzwolony 28 I 1945. Po wojnie powrócił do Pragi, gdzie wznowił działalność artystyczną. W 1948 wyjechał do Izraela, a stamtąd - w 1954 - do USA. W latach 1954-62 pracował jako malarz reklam w Nowym Jorku i St. Louis. Od 1962 tworzył cykle obrazów poświęcone Żydom - ofiarom hitlerowskich prześladowań. Wykonał ponad sto prac, stanowiących odbicie własnych przeżyć okupacyjnych. Indywidualnie wystawiał od 1919, m. in. w Berlinie, Pradze, Jerozolimie, St. Louis. Pierwsza powojenna wystawa jego prac o tematyce obozowej miała miejsce w 1946 w Czechosłowacji. W wielu miastach czeskich, m. in. w Knyšparku i Chlumie, nałożono obowiązek obejrzenia tej wystawy na osoby narodowości niemieckiej powyżej 15 lat. W 1983 odbyła się w Waszyngtonie wystawa pośmiertna. Prace artysty znajdują się m. in. w Instytucie Yad Vashem w Jerozolimie i w Leo Baeck Institute w Nowym Jorku.

GAWRON WINCENTY

nr obozowy 11 237

Malarz, grafik i witrażysta. Urodzony 28 I 1908 w Starej Wsi k. Limanowej. Studiował w Państwowej Szkole Sztuk Zdobniczych we Lwowie oraz w Krakowie, a od roku 1935 w Akademii Sztuk Pięknych w Warszawie. Aresztowany 18 I 1941, przebywał w więzieniach w Nowym Sączu i Tarnowie, skąd 5 IV 1941 wywieziono go do KL Auschwitz. Pracował początkowo w komandzie „Abbruch", a następnie w stolarni i rzeźbiarni. Projektował i rzeźbił noże do papieru oraz kasetki, rysował portrety i karykatury współwięźniów, kapo i esesmanów, wykonywał też drzeworyty. W kwietniu 1942 w związku z planowaną ucieczką schronił się w szpitalu więźniarskim, a potem zgłosił się do pracy w podobozie Harmęże, skąd zbiegł 16 V 1942 wraz z Stefanem Bieleckim (nr obozowy 12 692), zabierając ze sobą pamiętnik, karykatury i portrety rysowane przez siebie i kolegów obozowych - L. Turalskiego i S. Gutkiewicza. W 1944 brał udział w powstaniu warszawskim. Po wojnie wyjechał na stałe do USA, gdzie pracował początkowo jako witrażysta i liternik w Marshall Field CO. Obecnie jest kustoszem w Muzeum im. J. Piłsudskiego w Chicago. W twórczości powojennej powracał do tematyki obozowej. W zbiorach Państwowego Muzeum w Oświęcimiu znajdują się liczne prace ofiarowane przez autora (malarstwo, grafika, rysunek), powstałe w obozie i po wojnie.

GOŁUB (HOŁUB) WASYL

Malarz. Urodzony 18 II 1917 w miejscowości Małyje Bortniki (ZSRR). Prawdopodobnie ukończył Instytut Sztuki w Kijowie. W okresie okupacji został wywieziony na roboty do Niemiec. Przebywał w obozie cywilnym w Poczdamie, skąd zbiegł. Schwytany w 1942, przywieziony został do KL Auschwitz. Współpracował z muzeum obozowym. Malował portrety, karykatury i pejzaże. Od 20 I 1943 przebywał w KL Sachsenhausen, a od 21 II 1943 w KL Buchenwald. Pracował w trzeciej, a następnie w piątej SS-Baubrigade (brygada budowlana). 11 IX 1944 został przeniesiony do buchenwaldzkiego podobozu Dora. Dalsze jego losy nie są znane.

GOTTLIEBOVA (BABBITT) DINAH

nr obozowy 61 016

Malarka. Urodzona 21 I 1923 w Brnie (Czechosłowacja). Studiowała w Umělecké Průmyslovke w Brnie (u prof. prof. Sisra, Hrbka i Lichtaga). 28 I 1942 została wraz z matką wywieziona do obozu-getta w Terezinie, skąd 8 IX 1943 przetransportowano ją do KL Auschwitz. Przebywała w Birkenau w tzw. Familienlager Theresienstadt (obóz familijny – odcinek B IIb), gdzie początkowo malowała numery na barakach. W baraku dziecięcym wykonała kilka malowideł ściennych, przedstawiających sceny z filmowych bajek Disneya. Zwróciła na siebie uwagę lekarza obozowego SS, dr. Lukasa, a następnie dr. J. Mengele, na polecenie którego w 1944 malowała portrety Cyganów pochodzących z różnych krajów, a także chorych na nomę. 18 I 1945 została przeniesiona do KL Ravensbrück, a następnie do podobozu Neustadt-Glewe. Tam też odzyskała wolność 2 V 1945. Po wojnie początkowo przebywała w Paryżu, a potem wyjechała do USA. W twórczości artystycznej, którą nadal uprawia, współpracując z wytwórnią Yad Ward Production w Hollywood, do tematyki obozowej nie powraca. Wytatuowany numer obozowy usunęła. W zbiorach Państwowego Muzeum w Oświęcimiu zachowało się kilka portretów Cyganów, wykonanych w 1944.

GOZDAWA-PIASECKI BOLESŁAW

nr obozowy 1819

Malarz i architekt wnętrz. Urodzony 15 V 1912 w miejscowości Baterie (ZSRR), zmarł 6 VII 1980 w Warszawie. W latach 1933–39 rozpoczął studia w Uniwersytecie Stefana Batorego w Wilnie na Wydziale Sztuk Pięknych (u prof. prof. L. Śleńdzińskiego i F. Ruszczyca). W 1939 uzyskał dyplom. W czasie kampanii wrześniowej walczył m. in. w obronie Warszawy. 12 VIII 1940 schwytany podczas łapanki ulicznej w Warszawie, w trzy dni później wywieziony do KL Auschwitz. Pracował w różnych komandach, m.in. w „Kiesgrube-Neubau" (żwirownia), przy budowie nowych bloków obozowych oraz w malarni jako liternik. Rysował pejzaże i portrety więźniów. W grudniu 1941 został zwolniony z obozu. Po powrocie do Warszawy namalował kilka obrazów przedstawiających wydarzenia obozowe, których był świadkiem. Prace te, eksponowane przez AK w tajnych lokalach, spłonęły podczas powstania warszawskiego. Po likwidacji powstania jako jego uczestnik został osadzony w obozie jenieckim Sandbostel. W maju 1946 powrócił do Polski. W latach 1947–48 był pracownikiem Centralnej Rady Związków Zawodowych, a w latach 1949–50 Ministerstwa Kultury i Sztuki. W 1951 powrócił do działalności twórczej, zajmując się architekturą wnętrz oraz grafiką wystawienniczą i wydawniczą, a od 1955 także malarstwem. Brał udział w licznych wystawach zbiorowych ogólnopolskich i okręgowych. Indywidualnie wystawiał m. in. w Warszawie (1972).

GUTKIEWICZ STANISŁAW

nr obozowy 11 003

Malarz. Urodzony 23 VII 1910 w Janowcu, zginął 12 VI 1942 w KL Auschwitz. Studiował w Miejskiej Szkole Sztuk Zdobniczych i Malarstwa w Warszawie, a w latach 1934–38 w warszawskiej Akademii Sztuk Pięknych (u prof. prof. K. Tichego i M. Kotarbińskiego). 18 III 1941 został przywieziony do KL Auschwitz tzw. transportem śląskim. Pracował w warsztatach stolarskich i w rzeźbiarni, współpracował z muzeum obozowym, portretował kolegów, zdobił listy obozowe. Zginął rozstrzelany na dziedzińcu bloku nr 11, pod Ścianą Straceń. W zbiorach Państwowego Muzeum w Oświęcimiu znajduje się wykonanych przez artystę ponad 30 portretów więźniów.

IWANOW WASYL

Przebywał w KL Auschwitz w 1944, portretował więźniów.

JAŹWIECKI FRANCISZEK

nr obozowy 79 042

Malarz i grafik. Urodzony 23 XII 1900 w Krakowie, zmarł 16 X 1946 w Świdnicy. Przed 1928 studiował w prywatnych szkołach malarskich, a następnie w krakowskiej Akademii Sztuk Pięknych (u prof. prof. T. Axentowicza, W. Weissa, F. Pautscha, K. Sichulskiego i S. Kamockiego). Studia ukończył w 1933. Twórca ekspresyjnych obrazów i grafik. W okresie okupacji był cywilnym pracownikiem obozu przejściowego w Krakowie przy ulicy Wąskiej. Pomagał uciekinierom tego obozu, zaopatrując ich w produkowane przez siebie kenkarty. W drugiej połowie 1942 aresztowany i osadzony w więzieniu na Montelupich, skąd 1 XII 1942 przywieziony do KL Auschwitz. Pracował początkowo w tzw. kartoflarni, a następnie w obozowej malarni. 12 III 1943 przeniesiony do KL Gross-Rosen, 22 IV 1943 do Oranienburga (podobóz KL Sachsenhausen), a 22 VII 1944 do Halberstadt (podobóz KL Buchenwald). W maju 1945 wyzwolony podczas ewakuacji obozu w pobliżu Zwönitz. We wszystkich obozach, w których przebywał, portretował współwięźniów. Część prac udało mu się ocalić, przywiózł je, gdy w 1945 powrócił do Krakowa. W zbiorach Państwowego Muzeum w Oświęcimiu znajduje się kolekcja 113 portretów więźniów, wykonanych przez artystę w latach 1942-45.

JILOVSKÝ JIŘI (GEORG)

nr obozowy 174 450

Artysta malarz. Urodzony 16 III 1884 w Pradze, zmarł 16 II 1958. W latach 1900-04 studiował w Umělecké Průmyslovké w Pradze (u prof. prof. E.K. Liški i J. Schikandra), a od 1907 w Akademii Vytvarnych Uměni (u prof. F. Thiela). Odbył podróże studyjne do Niemiec, Austrii, Szwajcarii i Włoch. Uprawiał malarstwo oraz grafikę użytkową i plakat. Wystawiał w Pradze, Usti nad Łabą, Wiedniu, Berlinie, Bratysławie, Hamburgu, Monachium, Brnie, Dreźnie, St. Louis. W 1933 otrzymał nagrodę państwową za projekty dekoracji dla praskiego teatru. Aresztowany jako Żyd został osadzony w więzieniu na Pankrácu, skąd 21 IX 1943 wywieziono go do Malej Pevnosti w Terezinie, a 26 II 1944 do KL Auschwitz. Pracował w zakładach zbrojeniowych „Union-Werke". W obozie opiekował się nim więzień Jan Waldera (nr obozowy 26 839), który dostarczał mu m. in. farby. Tworzył pejzaże, portrety, zdobił listy obozowe więźniów. Pod koniec 1944 został przeniesiony do KL Sachsenhausen, a 13 IV 1945 do KL Mauthausen (podobóz „Schlier"). Dalsze losy artysty nie są znane.

KACZMARCZYK CZESŁAW HENRYK

nr obozowy 162 142

Grafik i malarz. Urodzony 22 VIII 1899 w Kownie (ZSRR), zmarł 18 II 1971 w Warszawie. Studia uniwersyteckie rozpoczął w 1918 w Kijowie, a po przybyciu do Polski (1921) studiował w latach 1922-26 na Wydziale Filozoficznym i Historii Sztuki Uniwersytetu Warszawskiego. Od 1925 do 1930 był studentem Akademii Sztuk Pięknych w Warszawie (u prof. prof. W. Skoczylasa, K. Tichego, E. Bartłomiejczyka). W latach 1929-43 wykładał w Zawodowej Szkole Graficznej w Warszawie. 23 X 1943 schwytany podczas łapanki ulicznej w Warszawie i osadzony na Pawiaku. 11 XI 1943 wywieziony do KL Auschwitz. Pracował początkowo w muzeum obozowym, a następnie w drukarni, pralni, stolarni zakładów DAW i jako liternik w komendanturze obozu. W muzeum malował obrazy, kartki okolicznościowe, laurki i portrety. W listopadzie 1944 został przeniesiony do Leonberg (podobóz KL Natzweiller), a w kwietniu 1945 kolejno do Kaufering, Ampfing i Mühldorf (podobozy KL Dachau). Wolność odzyskał 3 V 1945. W lipcu 1945 powrócił do Warszawy, gdzie wznowił działalność artystyczną i pedagogiczną. W latach 1945-52 wykładał rysunek w Instytucie Doskonalenia Rzemiosła i w szkole budowlanej. Od 1950 uprawiał grafikę drobnych form, projektując znaczki pocztowe, koperty filatelistyczne, stemple okolicznościowe. Do 1973 emitowano według jego projektów 114 znaczków. Indywidualnie wystawiał swe prace m. in. w Poznaniu (1963) i Warszawie (1968). Pierwsza wystawa pośmiertna dorobku artystycznego odbyła się w Warszawie w 1973.

KOMSKI (BARAŚ, NOSEK) JAN MIECZYSŁAW

nr obozowy 564, 152 884

Malarz. Urodzony 3 II 1915 w Birczy. W latach 1934-39 studiował w Akademii Sztuk Pięknych w Krakowie na Wydziale Malarstwa (u prof. prof. W. Jarockiego, W. Weissa i K. Sichulskiego). Przed wybuchem wojny zajmował się konserwacją obiektów sakralnych. 29 IV 1940 aresztowany w Słowacji podczas próby przedostania się na Węgry i przekazany gestapo w Muszynie, następnie osadzony w więzieniu w Nowym Sączu, a potem w Tarnowie. 14 VI 1940 przywieziony do KL Auschwitz pod nazwiskiem Jan Baraś. Początkowo zatrudniony przy budowie obozu, potem - przydzielony do komanda „Bauleitung" - opracowywał plany i mapy terenu obozowego. 28 VII 1941 za nielegalne kontakty z cywilami osadzony w bunkrze bloku nr 11, po czym skierowany do karnej kompanii, a następnie przydzielony do pracy w „Arbeitseinsatz" (biuro zatrudnienia więźniów). 29 XII 1942 zbiegł z obozu wraz z Otto Küsselem (nr obozowy 2), Mieczysławem Januszewskim (nr obozowy 711) i Bolesławem Januszem Kuczbarą (nr obozowy 4308). Była to ucieczka brawurowa - więźniowie wyjechali z obozu zaprzęgiem konnym, zabierając z sobą część dokumentów z „Arbeitseinsatzu". Początkowo ukrywał się w Libiążu (w domu Andrzeja Harata), potem - z końcem stycznia 1943 - w miejscowości Czerna k. Krzeszowic. Po uzyskaniu kenkarty na nazwisko Józef Nosek udał się do Krakowa z zamiarem przedostania się do Warszawy. Zatrzymany w czasie łapanki na dworcu kolejowym w Krakowie, a przy próbie ucieczki raniony, po siedmiomiesięcznym pobycie w więzieniu na Montelupich 1 IX 1943 został ponownie przywieziony do KL Auschwitz. Tu nie został rozpoznany, jako Józef Nosek otrzymał nowy numer obozowy 152 884. 23 X 1943 przeniesiony do KL Buchenwald, a po miesiącu do Krakowa - najpierw do więzienia św. Michała, potem znów na Montelupich. W połowie 1944 już pod prawdziwym nazwiskiem wywieziony do KL Gross-Rosen, a w lutym 1945 do Herzburg (podobóz KL Flossenbürg). Pod koniec kwietnia transportem ewakuacyjnym przybył do KL Dachau, gdzie został wyzwolony 29 IV 1945. W tym samym roku wykonał w Garmisch-Partenkirchen cykl rysunków „Za drutami", który wydał w formie albumu w Monachium w 1945. Zaprojektował też kilka znaczków pocztowych, emitowanych w pierwszą rocznicę wyzwolenia KL Dachau. Była to kontynuacja jego nielegalnej twórczości artystycznej uprawianej w więzieniach i obozach. Podczas pobytu w Auschwitz wykonał portrety, sceny rodzajowe i historyczne oraz ozdobniki na listach. Do 1949 przebywał w Górnej Bawarii, gdzie był współzałożycielem Polskiego Koła Plastyków, a następnie wyemigrował do USA, gdzie mieszka do chwili obecnej. Współpracuje z dziennikiem „Washington Post" jako ilustrator w dziale reklamy. Nadal podejmuje tematykę obozową. Od 1949 wystawiał indywidualnie m.in. w Niemczech, w Anglii (Londyn), w USA (Arlington, Newark N.Y., Nowy Jork i Waszyngton).

KOŚCIELNIAK MIECZYSŁAW

nr obozowy 15 261

Malarz i grafik. Urodzony 29 I 1912 w Kaliszu. W latach 1931-36 studiował w Akademii Sztuk Pięknych w Krakowie (u prof. J. Mehoffera). 3 II 1941 aresztowany w Kaliszu i osadzony w miejscowym więzieniu. 2 V 1941 przywieziony do KL Auschwitz. Pracował w różnych komandach, m. in. przy rozbiórce domów, w magazynach SS, w zakładach DAW oraz w drukarni. Wykonywał grafiki oraz malował, zarówno nielegalnie, jak i na żądanie SS. Wiele swych prac przemycił poza obóz. Współpracował z muzeum obozowym. Z liczby prac znajdujących się w zbiorach Państwowego Muzeum w Oświęcimiu wynika, że był najpłodniejszym twórcą spośród więzionych w obozie artystów. Tworzył portrety, karykatury, pejzaże, sceny z życia obozowego, sceny zapamiętane z czasów wolności oraz plakaty. W 1944 na polecenie władz obozowych wykonał malowidła ścienne w restauracji „Haus der Waffen SS" (Dom Broni SS) w Oświęcimiu. 18 I 1945 przeniesiony do KL Mauthausen, potem kolejno do podobozów Melk i Ebensee i tam wyzwolony 6 V 1945. Wykonał wtedy kilka portretów ówczesnych osobistości, m. in. gen. Eisenhowera i gen. Pattona. W listopadzie 1945 powrócił do kraju i zamieszkał w Warszawie. W 1946 stworzył kilka serii prac poświęconych tematyce obozowej, m. in. „Dzień więźnia" i „Dzień więźniarki", które zostały wydane w katalogu „Prace graficzne M. Kościelniaka". W tym samym roku uczestniczył w tworzeniu placówki muzealnej na terenie b. obozu Oświęcim-Brzezinka. W latach 1947-48 współpracował z Państwowym Zakładem Wydawnictw Szkolnych, Książką i Wiedzą oraz Instytutem Wydawniczym „Nasza Księgarnia". W latach sześćdziesiątych studiował egiptologię w Uniwersytecie Warszawskim, publikował i ilustrował artykuły na temat kultury antycznej w czasopismach „Świat Młodych", „Sztandar Młodych", „Mówią wieki". Od 1964 do 1972 był redaktorem artystycznym czasopisma „Świat Młodych". Działa w zakresie grafiki warsztatowej, ilustracji książkowej, malarstwa, rysunku, mozaiki i witrażu. Bierze udział w licznych wystawach krajowych i zagranicznych. Wystawy indywidualne: Warszawa (1963, 1969, 1979), Łódź (1964), Kalisz, Koszalin, Słupsk (1965), Sztutowo (1973), RFN, Berlin Zachodni (1982). Odznaczony m. in. Złotym Krzyżem Zasługi (1955) i Medalem X-lecia Polski Ludowej. Prace w zbiorach m. in. Państwowego Muzeum w Oświęcimiu, Muzeum Wojska Polskiego w Warszawie, Muzeum Historycznego miasta st. Warszawy, Muzeum Żydowskiego Instytutu Historycznego w Warszawie.

KRAWCZYK JÓZEF

nr obozowy 4796

Rzeźbiarz. We wrześniu 1940 zatrzymany podczas łapanki ulicznej w Warszawie i 22 IX 1940 osadzony w KL Auschwitz. W obozie nazywany „Kropelką" – pracował w stolarni, gdzie z Tadeuszem Lechem i Stanisławem Laską (nr obozowy 9486) rzeźbił m. in. figury do drogowskazów obozowych. Często chorował na zapalenie płuc. Zmarł w obozie 30 X 1942.

LATAWIEC BRONISŁAW

nr obozowy 11 995

Karykaturzysta. Urodzony 4 IV 1908 w Majdanie Zbydniowskim. Przed wojną współpracował z pismami humorystyczno-satyrycznymi, zwłaszcza z „Pocięglem" i „Wróblami na dachu", zamieszczając w nich rysunki pod pseudonimem Ikar. 21 I 1941 aresztowany w Charzewicach. Po pobycie w więzieniach w Rozwadowie i Tarnowie 5 IV 1941 osadzony w KL Auschwitz. Początkowo zatrudniony przy pracach ziemnych, następnie w obozowej ślusarni oraz w „Standesamt" (urząd stanu cywilnego) jako pomocnik pisarza. Współpracował z muzeum obozowym. Tworzył portrety i karykatury współwięźniów, m. in. Czesława Sowula z orkiestry obozowej (nr obozowy 167), aktora Stefana Jaracza (nr obozowy 13 580). 2 VII 1941 przeniesiony do więzienia na Montelupich w Krakowie, skąd 1 VIII 1941 został zwolniony. Obecnie obok malarstwa zajmuje się etnografią.

LECH TADEUSZ

nr obozowy 9235

Urodzony 4 III 1913 w Szarowie, zginął 11 XI 1941 w KL Auschwitz. Przed 1939 student Wydziału Polonistyki i Historii Uniwersytetu Jagiellońskiego w Krakowie. 11 IX 1940 aresztowany w Brzeźnicy i osadzony w więzieniu na Montelupich w Krakowie, skąd 10 I 1941 przywieziony do KL Auschwitz. Pracował w stolarni i rzeźbiarni, gdzie m. in. wykonywał noże do cięcia papieru i talerze oraz rzeźbił figury do drogowskazów obozowych. Zginął rozstrzelany na dziedzińcu bloku nr 11, pod Ścianą Straceń.

LENCZOWSKI CZESŁAW

nr obozowy 29 553

Malarz. Urodzony 13 III 1905 w Świątnikach Górnych, zmarł 27 III 1984 w Starym Sączu. W latach 1936-39 studiował w Akademii Sztuk Pięknych w Krakowie (u prof. prof. W. Jarockiego, K. Sichulskiego i K. Frycza). 4 III 1942 aresztowany w Starym Sączu. Po pobycie w więzieniach w Nowym Sączu i Tarnowie 13 IV 1942 osadzony w KL Auschwitz. Pracował w komandzie „Bauleitung-Schlosserei" w grupie ślusarzy artystycznych, wykonujących świeczniki, żyrandole, ozdobne okucia i inne przedmioty użytkowe. Od 1943 przychodził do muzeum obozowego, gdzie malował portrety, martwe natury oraz pejzaże. 8 IX 1944 przeniesiony do Neu Rohlau (podobóz KL Flossenbürg) i zatrudniony jako malarz w fabryce porcelany „Bohemia-Keramische Werke AG". 23 IV 1945 zbiegł z transportu ewakuacyjnego i w dwa dni później został wyzwolony w okolicy Plauen. Po powrocie do kraju w 1945 wznowił studia malarskie w Akademii Sztuk Pięknych w Krakowie, uzyskując dyplom w 1946. W 1947 podjął pracę pedagogiczną w Starym Sączu, uprawiając jednocześnie malarstwo sztalugowe. W twórczości swej wielokrotnie powracał do przeżyć obozowych, choć głównym tematem jego malarstwa było piękno ziemi sądeckiej. Brał udział w licznych wystawach okręgowych. Indywidualnie wystawiał m. in. w Nowym Sączu, Dąbrowie Górniczej, Bytomiu, Bielsku-Białej, Chorzowie, Starym Sączu (1960 1962).

LINKS EDITH

nr obozowy 3676

Urodzona 10 XII 1920 w Žilinie (Czechosłowacja). 2 IV 1942 przywieziona do KL Auschwitz transportem żydowskim ze Słowacji. Pracowała jako pomoc biurowa w „Aufnahmekommando" w Brzezince przy rejestracji nowo przybyłych więźniarek. Portretowała koleżanki. Przeżyła. Po wojnie wyemigrowała do Wielkiej Brytanii.

LIWACZ JAN

nr obozowy 1010

Urodzony 4 X 1898 w Dukli, zmarł 22 IV 1980. Aresztowany w Bukowsku 16 X 1939 przebywał w więzieniach w Sanoku, Krośnie, Krakowie oraz Wiśniczu Nowym, 20 VI 1940 przywieziony do KL Auschwitz. Pracował w grupie ślusarzy artystycznych, wykonując poręcze, kraty, żyrandole, świeczniki, znaki zodiaku, napisy (m. in. hasło „Arbeit macht Frei" nad główną bramą obozu). 8 VI 1942 i 30 III 1943 dwukrotnie – łącznie przez 5 tygodni – osadzony w bunkrze bloku nr 11. 6 XII 1944 przeniesiony do KL Mauthausen, a następnie do podobozów Melk i Ebensee, gdzie został wyzwolony 6 V 1945. Po wojnie powrócił do kraju. Mieszkał w Bystrzycy Kłodzkiej. Wykonywał prace z zakresu kowalstwa artystycznego.

MACHNOWSKI JAN JANUSZ

nr obozowy 724

Architekt i malarz. Urodzony 8 XI 1913 w powiecie krośnieńskim. W 1932 studiował w Politechnice Lwowskiej na Wydziale Architektury, a następnie w Akademii Sztuk Pięknych w Warszawie na Wydziale Malarstwa (u prof. F. Kowarskiego). Dyplom uzyskał w 1938. W 1939 brał udział w kampanii wrześniowej. W maju 1940 aresztowany w Nowym Targu i osadzony w miejscowym więzieniu gestapo, a następnie w Tarnowie, skąd 14 VI 1940 przewieziony do KL Auschwitz. Początkowo pracował w ślusarni obozowej jako grawer, a następnie w malarni, gdzie na polecenie kapo komanda malował „obrazki rodzajowe" oraz portrety. Od 1940 za namową X. Dunikowskiego pracował przy wykonywaniu makiet plastycznych obozu. Dokonując pomiarów terenów, nawiązał kontakty, które miały mu ułatwić planowaną ucieczkę wraz z Florianem Bireckim (nr obozowy 92 228). Projektu tego jednak nie zrealizował. We wrześniu 1943 przesłuchiwany przez gestapo jako podejrzany o przynależność do tajnej organizacji. Od czerwca 1944 pracował jako magazynier w „Bekleidungswerkstätten-Lederfabrik" (warsztaty odzieżowe – garbarnia). 29 X 1944 przeniesiony do Oranienburga (podobóz KL Sachsenhausen). 21 IV 1945 zbiegł z transportu ewakuacyjnego wraz z byłym więźniem Oświęcimia Stanisławem Słotą (nr obozowy 24 711), a 6 V 1945 został wyzwolony. Do lipca przebywał w Paryżu, potem wyjechał do Wenezueli. W 1949 pracował jako architekt przy przebudowie stolicy kraju – Caracas, projektując m. in. Centrum Simona Bolivara. Od końca lat sześćdziesiątych pracuje wyłącznie jako malarz, tworząc głównie pejzaże, kwiaty oraz portrety. Laureat nagrody „Paleta di Oro". Uczestniczy w wystawach w Wenezueli i w innych krajach. Wystawy indywidualne m. in.: Caracas (1968, 1969, 1972), Miami (1973).

MARKIEL JACQUES

nr obozowy 126 105

Malarz i rzeźbiarz. Urodzony 20 VII 1911 w Łodzi. 25 VI 1943 przybył do KL Auschwitz transportem żydowskim z Drancy. Pracował w kopalni węgla kamiennego w podobozie Jawischowitz (Jawiszowice). Portretował współwięźniów, malował i rzeźbił. Na polecenie władz wykonał fresk w jednym z baraków, a także kamienne rzeźby dwóch górników, które ustawione są obecnie przed wejściem do Zasadniczej Szkoły Górniczej w Brzeszczach. 22 I 1945 został przeniesiony do KL Buchenwald. Przeżył. Przed 1968 mieszkał w Paryżu.

MROZEK JÓZEF

nr obozowy 103 137

Urodzony 10 II 1924 w Gorlicach, zginął 30 IV 1945 koło Olbramovic (Czechosłowacja). Przed 1939 był uczniem gimnazjum w Gorlicach. Tam został aresztowany i 16 II 1943 przywieziony do KL Auschwitz. Pracował w „Baubüro" (biuro budowlane). Obdarzony uzdolnieniami artystycznymi portretował więźniów, z którymi się przyjaźnił. Zwrócił na siebie uwagę M. Ruzamskiego, który roztoczył nad nim opiekę artystyczną i zapoznał go z X. Dunikowskim. 28 X 1944 przeniesiony do Leitmeritz (podobóz KL Flossenbürg). Podczas ewakuacji obozu dokonał wraz z dwoma kolegami, m. in. Władysławem Domaradzkim (nr obozowy 3574), próby ucieczki, podczas której zginął zastrzelony przez patrol SS. W zbiorach Państwowego Muzeum w Oświęcimiu znajdują się dwa jego szkicowniki, przechowane do końca wojny przez W. Domaradzkiego.

MYSZKOWSKI FRANCISZEK TADEUSZ

nr obozowy 593

Grafik. Urodzony 25 IX 1912 w Zakopanem, zmarł 21 VI 1980 w Jerozolimie. Absolwent Państwowej Szkoły Sztuk Zdobniczych w Krakowie. 6 V 1940 aresztowany w Zakopanem i osadzony najpierw w więzieniu „Palace", a potem w Tarnowie, skąd 14 VI 1940 przywieziony do KL Auschwitz. Pracował w stolarni, rzeźbiarni oraz w „Erkennungsdienst" (służba rozpoznawcza), gdzie m. in. oprawiał i opisywał albumy fotograficzne. Rysował portrety i karykatury więźniów i esesmanów, malował obrazy i rzeźbił. W rzeźbiarni, którą kierował, szczególną opieką otaczał górali, zwłaszcza Zakopiańczyków. Więźniowie nazywali go „Myszką" i „Nase". We wrześniu 1944 przeniesiony do Oranienburga (podobóz KL Sachsenhausen), a następnie do Barth (podobóz KL Ravensbrück). Zbiegł z transportu ewakuacyjnego 1 V 1945. W latach 1946 51 kierował pracownią plastyczną w Państwowym Muzeum w Oświęcimiu, współpracując przy organizowaniu pierwszej ekspozycji muzealnej. Wykonał wówczas m. in. cykl portretów i karykatur esesmanów oraz więźniów funkcyjnych obozu oświęcimskiego. Około 1960 wyemigrował do Izraela. W zbiorach Państwowego Muzeum w Oświęcimiu znajdują się jego prace obozowe i dzieła o innej tematyce powstałe w obozie i w latach powojennych.

NATHAN

Żyd węgierski. Przebywał w KL Auschwitz w latach 1943 44, portretował współwięźniów.

NOWAKOWSKI WALDEMAR

nr obozowy 2805

Grafik. Urodzony 10 XI 1917 w Białogródku, zmarł 30 I 1984 w Krakowie. Przed wojną studiował w Politechnice Warszawskiej na Wydziale Geodezji. Działał w Związku Harcerstwa Polskiego. W maju 1940 aresztowany w Warszawie i osadzony na Pawiaku, a 15 VIII 1940 przewieziony do KL Auschwitz. Pracował m. in. w „Holzhof" (magazyn drewna) i „Landwirtschaft" (komando rolnicze), gdzie był woźnicą. W sierpniu 1942 za dostarczanie żywności współwięźniom skierowany do karnej kompanii i przeniesiony do Brzezinki. Chory na dur wysypkowy znalazł się w szpitalu. Po wyjściu stamtąd pełnił różne funkcje, m. in. pisarza, a później blokowego w obozie szpitalnym. Wykonał wówczas wiele rysunków i akwarel, w których przedstawił ważniejsze wydarzenia obozowe. Współdziałał też w założeniu konspiracyjnego teatrzyku w szpitalu. Jesienią 1944 przeniesiony do Oranienburga (podobóz KL Sachsenhausen) i zatrudniony w fabryce samolotów „Heinkel-Werke". W styczniu 1945 skierowany do komanda 8 SS-Eisenbahnbrigade, którego zadaniem była naprawa linii kolejowych, odgruzowywanie zbombardowanych dworców itp. 3 V 1945 został wyzwolony w okolicach Monachium. W 1946 powrócił do kraju. W 1950 ukończył studia na Wydziale Grafiki krakowskiej Akademii Sztuk Pięknych i rozpoczął pracę pedagogiczną. Tworzył w dziedzinie plastyki użytkowej. W latach 1950–51 zatrudniony przy pracach wystawienniczych Państwowego Muzeum w Oświęcimiu.

PACIOREK FRANCISZEK

Urodzony 6 IX 1914 w Radziszowie, zmarł w KL Auschwitz 5 III 1943. Duchowny. W latach 1937 39 pracował jako wikary w Zawoi, a następnie w Spytkowicach. W czerwcu 1942 aresztowany za udzielanie pomocy więźniom zbiegłym z obozu oświęcimskiego i osadzony w więzieniu na Montelupich w Krakowie. 19 I 1943 przywieziony do KL Auschwitz. Prawdopodobnie autor rysunku Chrystusa na krzyżu, wykonanego w bunkrze bloku nr 11, gdzie przebywał przed śmiercią.

PACZESNY TADEUSZ

nr obozowy 26 128

Malarz i konserwator. Urodzony 29 V 1902 w Warszawie, zmarł 7 XII 1955 w Warszawie. Pod koniec 1941 aresztowany w miejscowości Końskie i osadzony w tamtejszym więzieniu, a następnie w więzieniu w Radomiu, skąd 30 I 1942 przewieziony do KL Auschwitz. Zatrudniony w malarni biura budowlanego, współpracował z muzeum obozowym. Portretował współwięźniów, malował obrazy przedstawiające zabytki architektoniczne. Od grudnia 1943 wraz z W. Siwkiem i Zenonem Frankiem (nr obozowy 156) pracował przy realizacji modelu plastycznego „Oświęcim w przyszłości". 29 X 1944 przeniesiony do Oranienburga (podobóz KL Sachsenhausen) i zatrudniony w komandzie „Heinkel". Wyzwolony w maju 1945 na trasie ewakuacji obozu. Po wojnie mieszkał w Warszawie.

POTRZEBOWSKI JERZY

nr obozowy 122 836

Malarz. Urodzony 5 IX 1921 w Sandomierzu. Zmarł 28 V 1974 w Krakowie. W latach 1940 43 uczył się rysunku i malarstwa u prof. Święcimskiego w Tarnobrzegu. Wiosną 1943 aresztowany i osadzony w więzieniu w Tarnobrzegu, a następnie w Tarnowie. 24 V 1943 przewieziony do KL Auschwitz. Zatrudniony w obozowej malarni, współpracował z muzeum obozowym, wykonując przeważnie szkice koni. 21 X 1943 przeniesiony do KL Buchenwald, a następnie do podobozów w Lipsku i Wuppertalu. W 1945 zbiegł z transportu ewakuacyjnego. Po powrocie do kraju rozpoczął studia w Akademii Sztuk Pięknych w Krakowie na Wydziale Malarstwa (u prof. prof. Z. Radnickiego, I. Pieńkowskiego, F. Pautscha i Cz. Rzepińskiego), uzyskując dyplom w 1950. Po otrzymaniu dwóch pierwszych nagród na warszawskiej wystawie „Młodzież w walce o pokój" został asystentem w krakowskiej Akademii Sztuk Pięknych. Od 1956 mieszkał na zmianę w Krakowie i w Sztokholmie, gdzie współpracował z galerią „Bohmans Konstgalleri". Znany głównie jako malarz batalista, tworzył także sceny historyczne, rodzajowe, pejzaże i portrety. W latach 1950-51 współpracował przy zmianie ekspozycji Państwowego Muzeum w Oświęcimiu. Wykonał cykl obrazów o życiu więźniów w obozie. Brał udział w licznych wystawach, m. in. w Krakowie, Sandomierzu, Kielcach, Nowym Sączu, Tarnowie, Berlinie, Londynie, Moskwie, Wiedniu, Kanadzie i Szwecji.

RAYNOCH WŁADYSŁAW ZBIGNIEW

nr obozowy 60 746

Rzeźbiarz. Urodzony 29 V 1910 w Stanisławowie, zginął 27 X 1944 w KL Auschwitz. W latach 1931-34 studiował w Akademii Sztuk Pięknych w Krakowie na Wydziale Rzeźby (u prof. K. Laszczki). Aresztowany w 1942 w Krakowie, po pobycie w więzieniu gestapo przy ul. Pomorskiej 22 VIII 1942 przewieziony do KL Auschwitz. Od jesieni 1943 pracował w szpitalu SS, portretował kolegów. Działał w obozowej organizacji ruchu oporu „Grupa Bojowa Oświęcim". 27 X 1944 podjął próbę ucieczki wraz z działaczami tej organizacji, Ernestem Burgerem (nr obozowy 23 850), Czesławem Duzlem (nr obozowy 3702), Piotrem Piątym (nr obozowy 130 380) i Bernardem Świerczyną (nr obozowy 1393). Zdradzeni przez przekupionego kierowcę SS uciekinierzy osadzeni zostali w bunkrze bloku nr 11. Z. Raynoch zmarł po zażyciu trucizny.

REISZ FRANZ (FRANCIS)

nr obozowy 42 447

Malarz. Urodzony 3 IV 1908 w Wiedniu. Tam też mieszkał i studiował do czasu wojny. W lipcu 1941 aresztowany w Paryżu i osadzony w obozie w Pithiviers, a 27 VI 1942 przywieziony do KL Auschwitz. Pracował w Brzezince w komandzie „Arbeitseinsatz" (biuro zatrudnienia). Tworzył pejzaże akwarelowe, rysunki satyryczne oraz portrety. Z polecenia kierownika obozu, J. Schwarzhubera, kopiował rysunki techniczne krematoriów. 25 I 1945 przeniesiony do KL Mauthausen, a potem kolejno do podobozów Melk i Ebensee i tam wyzwolony 5 V 1945. Reminiscencje z lat wojny zawarł w książce „Temoignages sur Auschwitz", wydanej w Paryżu w 1946, ilustrowanej własnymi rysunkami. Od 1946 przebywa w USA. W latach sześćdziesiątych prowadził studio artystyczne w Nowym Jorku, zajmując się grafiką użytkową. Państwowemu Muzeum w Oświęcimiu ofiarował ponad 30 rysunków wykonanych w 1946.

ROUBIČEK KAREL

nr obozowy 94 136

Urodzony 20 V 1921 w Pradze. W grudniu 1941 wywieziony do obozu-getta w Terezinie, a 27 I 1943 osadzony w KL Auschwitz. Pracował w podobozie Golleschau (Goleszów), początkowo w orkiestrze obozowej, a następnie w kuchni. Z obozu zbiegł w chwili jego likwidacji 19 I 1945 i do wyzwolenia ukrywał się u mieszkanek Goleszowa, Marii Kajzar i Siedlaczkowej. Po wyzwoleniu powrócił do Czechosłowacji; pracował w Československe Aerolinie w Pradze.

RUZAMSKI MARIAN

nr obozowy 122 843

Malarz. Urodzony 2 II 1889 w Lipniku, zmarł w marcu 1945 w KL Bergen-Belsen. W latach 1908-12 studiował w Akademii Sztuk Pięknych w Krakowie, którą ukończył ze srebrnym medalem. Równolegle studiował historię sztuki na Wydziale Filozoficznym Uniwersytetu Jagiellońskiego w Krakowie. W kwietniu 1914 wyjechał do Paryża, gdzie przebywał do końca I wojny światowej. W latach 1922-28 był asystentem prof. J. Zubrzyckiego na Wydziale Architektury Politechniki Lwowskiej. Od 1928 do 1943 pracował jako artysta malarz w Tarnobrzegu. Malował portrety, krajobrazy, architekturę, martwą naturę i kwiaty. Prace swe wystawiał w Krakowie, Lwowie i Warszawie. Przed wojną miał ponad 30 wystaw. 7 IV 1943 aresztowany w Tarnobrzegu, osadzony najpierw w miejscowym więzieniu, potem w Tarnowie, 24 V 1943 został przewieziony do KL Auschwitz. Pracował w malarni biura budowlanego. Wiele rysował, zwłaszcza portrety współwięźniów, uczył młodszych kolegów (np. Józefa Mrozka) rysunku. Prace swe zabrał do KL Bergen-Belsen, dokąd został przeniesiony w styczniu 1945. Po dwóch miesiącach zmarł tam wskutek choroby głodowej. Swoje rysunki oświęcimskie, przeznaczone dla przyjaciółki, Janiny Pawlas z Tarnobrzega, przekazał przed śmiercią pod opiekę współwięźniom. Prace te ocalały i stanowią obecnie własność Państwowego Muzeum w Oświęcimiu.

SIWEK WŁADYSŁAW

nr obozowy 5826

Plastyk. Urodzony 14 IV 1907 w Niepołomicach, zmarł 27 III 1983 w Warszawie. 14 I 1940 aresztowany w Niepołomicach i osadzony początkowo w więzieniu na Montelupich w Krakowie, potem w Tarnowie, skąd 8 X 1940 przywieziony do KL Auschwitz. Pracował m. in. w malarni obozu jako liternik, wykonując tablice ostrzegawcze, obrazki instruktażowe, opaski dla więźniów funkcyjnych i napisy. Portretował również współwięźniów, malował pejzaże. Jesienią 1943 przeniesiony do komanda „Baubüro" (biuro budowlane), gdzie wraz z Tadeuszem Paczesnym i Zenonem Frankiem (nr obozowy 156) wykonywał makietę plastyczną obozu „Oświęcim w przyszłości". W tym samym czasie na polecenie kierownictwa biura budowlanego malował też obrazy przedstawiające budowę obiektów obozowych. 29 X 1944 przeniesiony do Oranienburga (podobóz KL Sachsenhausen), pracował w komandzie „Heinkel". Podczas ewakuacji obozu wyzwolony w okolicy Schwerin 3 V 1945. W 1947 powrócił do kraju. W czasie procesu esesmanów z załogi obozowej KL Auschwitz wykonał serię ich portretów. W latach 1948-53 pracował jako plastyk w Państwowym Muzeum w Oświęcimiu. Stworzył wówczas 50 prac przedstawiających życie więźniów i ważniejsze wydarzenia obozowe. W 1963 zamieszkał w Warszawie. W latach 1970-80 współpracował z Państwowym Wydawnictwem Naukowym, Wydawnictwami Szkolnymi i Pedagogicznymi oraz z Ligą Ochrony Przyrody. Wykonywał rysunki zwierząt do encyklopedii, albumów i podręczników. Jego pomnikowe dzieło to 94 barwne tablice ornitologiczne, ilustrujące książkę „Ptaki Europy" (Warszawa 1982).

SIWIERSKI WŁODZIMIERZ

nr obozowy 4629

Malarz, konserwator. Urodzony 19 X 1905 w Chełmnie, zmarł 19 X 1984 w Warszawie. W latach 1918-20 studiował w Chudożestwienno-Promyszlennom Institutie w Omsku (ZSRR), a w 1921-23 w Wyższych Chudożestwiennych Mastierskich w Moskwie. W okresie okupacji mieszkał w Warszawie, gdzie 14 IX 1940 został aresztowany i osadzony na Pawiaku, a 22 IX 1940 wywieziony do KL Auschwitz. Pracował m. in. przy regulacji rzeki Soły oraz w stolarni obozowej. Projektował zabawki dla dzieci oraz przedmioty użytkowe - świeczniki, flakony, kasetki. Życie i pracę więźniów, zatrudnionych w obu wspomnianych komandach, przedstawił w wielu rysunkach i szkicach, które udało mu się wynieść podczas zwolnienia z obozu w marcu 1942. W 1945 współdziałał przy organizowaniu Związku Polskich Artystów Plastyków w Warszawie. W latach 1945-49 był kierownikiem artystycznym wydawnictw Ligi Morskiej, a w 1957 współzałożycielem Klubu Marynistów i inicjatorem dorocznych wystaw marynistycznych. Uprawiał malarstwo sztalugowe, rysunek, architekturę wnętrz, zajmował się wystawiennictwem i konserwacją. Brał udział w wielu wystawach ogólnopolskich i okręgowych ZPAP, zdobywając nagrody i wyróżnienia. Przed wojną indywidualnie wystawiał m. in. w Sztokholmie (1930). Po wyzwoleniu do tematyki obozowej już nie powracał. Jego prace znajdują się m. in. w Muzeum w Toruniu, Muzeum im. L. Wyczółkowskiego w Bydgoszczy oraz w Muzeum w Amsterdamie. Państwowe Muzeum w Oświęcimiu posiada ponad 20 jego rysunków obozowych.

STĘPIEŃ (BATOR) ZOFIA

nr obozowy 37 255

Urodzona 3 VI 1920 w Radomiu. 16 X 1942 aresztowana w Radomiu i osadzona w miejscowym więzieniu gestapo. 3 III 1943 przewieziona została do KL Auschwitz. Pracowała początkowo w komandzie rolniczym w Budach, następnie w obozowym szpitalu, magazynie żywnościowym i w kuchni SS. Rysować zaczęła w obozowym szpitalu po przebytym durze. Portretowała koleżanki obozowe, wykonywała okolicznościowe kartki. 18 I 1945 przeniesiona do Neustadt-Glewe (podobóz KL Ravensbrück) i tam wyzwolona 2 V 1945. W tym samym roku wróciła do Polski. Od 1954 mieszka i pracuje w Nowej Hucie. Czynnie działa w amatorskim ruchu artystycznym. Maluje portrety, pejzaże, martwe natury. Bierze udział w ogólnopolskich wystawach i konkursach plastycznych. Indywidualnie prezentowała swój twórczy dorobek m. in. w Nowej Hucie (1973, 1974).

STUDNICKI JULIUSZ

nr obozowy 33 179

Malarz. Urodzony 14 VII 1906 w Kniażycach, zmarł 3 III 1978 w Warszawie. W latach 1924-29 studiował w Akademii Sztuk Pięknych w Krakowie (w pracowniach prof. prof. J. Mehoffera, W. Weissa, K. Frycza, F. Kowarskiego) oraz w Szkole Sztuk Pięknych w Warszawie (w pracowni prof. F. Kowarskiego). W 1937 odbył półroczne studia w Paryżu. Od 1931 był członkiem i współzałożycielem grupy „Pryzmat". W latach 1932-39 uczył rysunku w gimnazjum w Przemyślu. 16 IV 1942 aresztowany w Kawiarni Plastyków w Krakowie i osadzony w więzieniu na Montelupich, a 25 kwietnia wywieziony do KL Auschwitz. 1 V 1942 został zwolniony z obozu. W okresie okupacji wykonał serię obrazów i rysunków poświęconych gehennie więźniów obozu oświęcimskiego. Prace te wystawił konspiracyjnie w Krakowie w mieszkaniu państwa Siedleckich w 1943. Po wojnie osiedlił się na Wybrzeżu. Współdziałał w utworzeniu Państwowej Wyższej Szkoły Sztuk Plastycznych w Sopocie, w której w latach 1945-63 kierował Katedrą Malarstwa Sztalugowego i Rysunku. Od 1959 był też profesorem na Wydziale Malarstwa Akademii Sztuk Pięknych w Warszawie. Uprawiał malarstwo sztalugowe, ścienne i rysunek. Od 1930 brał udział w wielu wystawach krajowych i zagranicznych, zdobywając nagrody i wyróżnienia. Indywidualnie wystawiał w Krakowie (1936), Paryżu (1938), Warszawie (1966, 1977), Wenecji (1966), Mediolanie (1970), Gdańsku (1977, 1978). Pierwsza wystawa pośmiertna odbyła się w Krakowie w 1979. Laureat Nagród Państwowych II i III stopnia oraz wielu nagród i wyróżnień resortowych. Odznaczony Kawalerskim, Oficerskim i Komandorskim Krzyżem Orderu Odrodzenia Polski. Prace artysty znajdują się m. in. w zbiorach Muzeów Narodowych w Warszawie, Poznaniu, Szczecinie, Wrocławiu i Kielcach, w Museum of Modern Art w Nowym Jorku, Muzeum Pomorskim w Gdańsku, Muzeum im. L. Wyczółkowskiego w Bydgoszczy oraz w Państwowym Muzeum w Oświęcimiu.

SUCHANEK ANTONI

nr obozowy 139 388

Malarz. Urodzony 27 IV 1901 w Rzeszowie, zmarł 22 IX 1982 w Gdyni. W latach 1917-23 studiował w Akademii Sztuk Pięknych w Krakowie na Wydziale Malarstwa (pod kierunkiem prof. prof. J. Mehoffera, J. Malczewskiego i L. Wyczółkowskiego). Po ukończeniu studiów, w 1923, zamieszkał w Bydgoszczy, gdzie był kierownikiem artystycznym Zakładów Graficznych Biblioteki Polskiej. W 1926 współdziałał w założeniu Związku Plastyków Pomorskich. W latach 1937-39 był gospodarzem lokalu „Zachęty" z ramienia Towarzystwa Zachęty Sztuk Pięknych. W 1939 zainicjował akcję ratowania znajdujących się tam dzieł sztuki. Między innymi pomagał w ukryciu obrazów Jana Matejki: „Grunwald", „Kazanie Skargi", „Konstytucja 3 Maja". 5 VI 1943 został aresztowany w kościele św. Aleksandra na Placu Trzech Krzyży w Warszawie, podczas ślubu córki. Cały orszak ślubny, liczący 89 osób, w tym wiele młodzieży z oddziału dyspozycyjnego Komendy Głównej AK, został uwięziony na Pawiaku. Suchanka po dwóch dniach zwolniono, a potem aresztowano ponownie, gdy interweniował w sprawie zwolnienia członków rodziny. 25 VIII 1943 został wywieziony do KL Auschwitz. Pracował w muzeum, gdzie malował głównie pejzaże marynistyczne i portrety. W listopadzie 1943 zwolniony z obozu, powrócił do Warszawy. Wówczas to wykonał serię prac o tematyce obozowej, które spłonęły podczas powstania warszawskiego. Później do tej tematyki już nie powracał. Po upadku powstania ranny w rękę, został skierowany do niemieckiego szpitala w Piastowie, gdzie, nim trafił na stół operacyjny, polski lekarz zdążył usunąć mu tatuaż oświęcimski. Po kilku tygodniach zbiegł ze szpitala i do zakończenia wojny ukrywał się w Krakowie. W marcu 1945 powrócił do Warszawy i ponownie został opiekunem „Zachęty", wtedy też stworzył cykl obrazów poświęconych zniszczonej stolicy. W 1946 zamieszkał w Gdyni, uczestnicząc w odradzającym się życiu kulturalnym Wybrzeża. Uprawiał malarstwo sztalugowe, grafikę i rysunek. Był twórcą wielu serii publikowanych w tekach autolitograficznych: „Warszawa w ruinach", „Polskie Wybrzeże", „Łódź", „Polskie stocznie" oraz albumów: „Warszawska Starówka", „Gdynia", „Gdańsk", „Ziemia szczecińska", „Stocznie". Brał udział w wielu wystawach, zdobywając nagrody i wyróżnienia. Indywidualnie wystawiał m. in. w Jastarni (1929), Gdyni (1945, 1977), Nowym Sączu, Tarnowie (1968), Warszawie (1975, 1978, 1979), Sopocie (1977), Gdańsku (1979). Odznaczony Kawalerskim, Oficerskim i Komandorskim Krzyżem Orderu Odrodzenia Polski oraz Orderem Sztandaru Pracy I Klasy. Prace artysty znajdują się w zbiorach: Muzeum Morskiego w Gdańsku, Muzeum Zamkowego w Malborku, Muzeum Historycznego m.st. Warszawy, Muzeum Wojska Polskiego w Warszawie, zaś prace obozowe – w zbiorach Państwowego Muzeum w Oświęcimiu.

SUCHECKI ANTONI

nr obozowy 595

Rzeźbiarz. Urodzony 12 VI 1896 w Zakopanem, zginął w KL Auschwitz 25 VI 1942. 7 V 1940 aresztowany w Zakopanem i osadzony w więzieniu „Palace", następnie w więzieniu w Tarnowie, a 14 VI 1940 przywieziony do KL Auschwitz. Do obozu przybył w stroju góralskim, który w 1942 umieszczono w Lagermuseum. Pracował w stolarni i rzeźbiarni. 9 VI 1941 przekazany do dyspozycji gestapo w Zakopanem, po dwóch miesiącach przeniesiony do więzienia w Tarnowie, a z początkiem 1942 ponownie do Oświęcimia. W tarnowskim więzieniu zastał aresztowanego syna Mariana, późniejszego więźnia KL Auschwitz (nr obozowy 27 398). Do czerwca 1942 zatrudniony w muzeum obozowym rzeźbił ozdabiane motywami góralskimi kasetki, cygarniczki, papierośnice. Roz- strzelany na dziedzińcu bloku nr 11, pod Ścianą Straceń.

SZAJNA JÓZEF

nr obozowy 18 729

Malarz, grafik, scenograf, reżyser. Urodzony 13 III 1922 w Rzeszowie. Przed 1939 uczeń gimnazjum. 21 I 1941 aresztowany za nielegalne przekroczenie granicy polsko-słowackiej i słowacko-węgierskiej, przebywał w więzieniach w Spiskiej Nowej Wsi, Muszynie, Nowym Sączu i w Tarnowie. W KL Auschwitz osadzony 25 VII 1941. Pracował przy budowie nowych bloków obozowych, w warsztatach odzieżowych, w kolumnie transportowej oraz w kantynie SS. Za dostarczanie ciepłej odzieży więźniarkom 13 II 1943 osadzony w bunkrze bloku nr 11, a następnie skierowany do karnej kompanii w Brzezince. Po 3 tygodniach wyczerpującej pracy zachorował na dur i przebywał w obozowym szpitalu. 17 VIII 1943 podjął nieudaną próbę ucieczki wraz z Edwardem Kiczmachowskim (nr obozowy 3414) i Edwardem Salwą (nr obozowy 5256). Ponownie osadzony w bunkrze bloku nr 11; przebywał w nim do 11 X 1943, a następnie powtórnie skierowany został do karnej kompanii. 21 I 1944 przeniesiony do KL Buchenwald, a 18 II 1944 do podobozu Schönebeck. Przebywając w tamtejszym szpitalu obozowym, zaczął tworzyć rysunki na temat przeżyć obozowych oraz portrety współwięźniów. 11 IV 1945 zbiegł podczas ewakuacji obozu w okolicy Magdeburga. W latach 1948-53 studiował w Akademii Sztuk Pięknych w Krakowie (u prof. prof. A. Chomicza i K. Frycza). Dyplom grafika uzyskał w 1952, zaś dyplom scenografa w 1953. Od 1959 do 1963 był członkiem grupy artystycznej MARG w Krakowie. W latach 1955-63 był współtwórcą awangardowego Teatru Ludowego w Nowej Hucie, a od 1963 do 1966 jego dyrektorem i kierownikiem artystycznym. W latach 1966-71 współpracował z Teatrem

Starym w Krakowie, Teatrem Śląskim w Katowicach, Współczesnym we Wrocławiu i Polskim w Warszawie. W 1971 objął dyrekcję Teatru Klasycznego w Warszawie, który w 1972 przekształcił w Centrum Sztuki „Studio". Przy teatrze utworzył Galerię Sztuki i Muzeum Sztuki Współczesnej. Od 1972 profesor scenografii w Akademii Sztuk Pięknych w Warszawie. Od 1959 bierze udział w wystawach malarstwa i scenografii w kraju i za granicą oraz w międzynarodowych festiwalach teatralnych, uzyskując wiele nagród, wyróżnień i medali. Jego obozowe przeżycia znalazły odbicie w wystawie „Reminiscencje" (1969), stanowiącej epitafium poświęcone krakowskim plastykom aresztowanym i wywiezionym do Oświęcimia w 1942, oraz w spektaklu environment „Replika" (1973). Wystawy indywidualne malarstwa i scenografii: Kraków (1962, 1966, 1968, 1970, 1974), Rzeszów (1964), Florencja (1965, 1973), Rzym (1966), Belgrad (1967), Nicea (1968), Warszawa (1969, 1975, 1979), Lublin (1969), Sheffield (1970), Recklinghausen (1971), Łódź (1972), Konin (1974), USA, Meksyk, Budapeszt (1975), Toruń, Gdynia, Wiedeń, Villach (1977), Białystok, Frankfurt (1978), Stockholm, Szczecin (1979), Caracas (1983). Odznaczony m. in. Krzyżem Kawalerskim Orderu Odrodzenia Polski (1959), Krzyżem Komandorskim Orderu Odrodzenia Polski (1979), Krzyżem Oświęcimskim (1985). Prace w zbiorach: Muzeum Narodowego w Warszawie i Krakowie, Muzeum Sztuki w Łodzi, muzeów – w Rzeszowie, Toruniu, Lublinie, Muzeum Sztuki Recklinghausen, Muzeum Teatralnego w Warszawie i Krakowie, Kunst Museum w Goeteborgu, Galerii D'arte „Corbina" w Mediolanie.

SZPARKOWSKI EUGENIUSZ

nr obozowy 194 473

Architekt wnętrz. Urodzony 21 I 1904 w Nasielsku. W latach 1925-35 studiował w Akademii Sztuk Pięknych w Warszawie (u prof. K. Tichego), a w latach 1926-35 w Politechnice Warszawskiej. Dyplom uzyskał w 1935. Uczestnik powstania warszawskiego. 2 IX 1944 aresztowany w Warszawie, osadzony w obozie przejściowym w Pruszkowie i 4 IX 1944 wywieziony do KL Auschwitz. 17 IX 1944 przeniesiony do Leitmeritz (podobóz KL Flossenbürg). Tam pracował m. in. w komandzie budowlanym i w malarni obozu jako liternik. 8 V 1945 w Litomierzycach odzyskał wolność. W maju 1945 powrócił do Polski. W latach 1945-70 początkowo asystent, potem kierownik Katedry Rysunku i Malarstwa, a od 1970 kierownik Pracowni Rysunku i Rzeźby Wydziału Architektury Politechniki Warszawskiej. Zajmuje się architekturą wnętrz, malarstwem, rysunkiem i wystawiennictwem. Brał udział w wystawach oraz konkursach krajowych i zagranicznych, uzyskując m. in. Grand-Prix na międzynarodowej wystawie „Art et Technique" w Paryżu (1937), I nagrodę za projekt pawilonu polskiego na Światowej Wystawie w Nowym Jorku (1938), złoty medal za stoisko polskie na Wystawie Turystyki w Liège (Belgia).

SZYMAŃSKA LEOKADIA

nr obozowy 44 783

Urodzona 11 III 1919 w Warszawie. 23 IV 1943 aresztowana w Warszawie pod nazwiskiem Ewa Sowińska i osadzona początkowo w więzieniu przy alei Szucha, następnie na Pawiaku, a 13 V 1943 w KL Auschwitz. Pracowała w różnych gospodarstwach rolnych SS, m. in. w Budach, Harmężach, Rajsku. Schorowana, często przebywała w szpitalu więźniarskim, a od września 1944 pozostawała w nim nieprzerwanie do chwili wyzwolenia obozu (27 I 1945).

TARGOSZ FRANCISZEK

nr obozowy 7626

Urodzony 7 IX 1899 w Lipniku, zmarł 10 IX 1979 w Bielsku-Białej. W 1915 walczył w Legionach jako ochotnik. W 1917 został wcielony do armii austriackiej. Po odzyskaniu niepodległości odbył w latach 1919-21 służbę wojskową w Wojsku Polskim. Od wczesnych lat interesował się militariami oraz ikonografią i literaturą z tego zakresu. Służąc w armii austriackiej, słuchał wykładów dla wojskowych w Uniform und Waffenkunde (studium bronioznawcze i munduroznawcze) przy Dorotheum i Heeres-Museum w Wiedniu. Od 1921 był członkiem Stowarzyszenia Muzeum Wojska i Dorotheum w Wiedniu, kolekcjonował militaria i uprawiał rysunek batalistyczny. 18 XII 1940 aresztowany w Bielsku i w tym samym dniu przewieziony do KL Auschwitz. Pracował kolejno przy wyładunku materiałów budowlanych, w żwirowni, stolarni, malarni i szklarni. Od lipca 1941 do ewakuacji obozu był zatrudniony w „Haftlingsschreibstube" (główna izba pisarska więźniów), pośrednicząc w obiegu korespondencji więźniów pomiędzy tą placówką a „Postzensurstelle" (cenzura pocztowa). W październiku 1941 utworzono z jego inicjatywy tzw. Lagermuseum (muzeum obozowe). Gromadzono w nim przedmioty o wartości historycznej, artystycznej i pamiątkowej. Z czasem stało się ono swego rodzaju azylem dla artystów plastyków. Targosz był opiekunem tego muzeum. Podejrzany o przynależność do tajnej organizacji obozowej 25 IX 1943 został osadzony w bunkrze bloku nr 11. Po zwolnieniu z bunkra powrócił do poprzedniej pracy. 21 I 1945 został przeniesiony do KL Mauthausen, a następnie do podobozu Melk, gdzie został wyzwolony 5 V 1945. Po powrocie do kraju, związany emocjonalnie z miejscem, w którym wiele przeżył, w grudniu 1946 podjął pracę w nowo organizowanym Muzeum w Oświęcimiu, jako wicedyrektor i kustosz-konserwator (do 1954). 28 XII 1971 został odznaczony Srebrnym Krzyżem Orderu Virtuti Militari.

TURALSKI LEON

nr obozowy 2691

Urodzony 28 XII 1912 w Gostyninie k. Warszawy. W latach 1931-35 studiował w Miejskiej Szkole Sztuk Zdobniczych i Malarstwa w Warszawie, a w latach 1936-39 w Akademii Sztuk Pięknych w Warszawie (pod kierunkiem prof. prof. L. Pękalskiego i F. Kowarskiego). 3 VII 1940 aresztowany w Warszawie, osadzony w więzieniu na Pawiaku i 15 VII 1940 wywieziony do KL Auschwitz, w którym przebywał aż do wyzwolenia (27 I 1945). Pracował w magazynie materiałów budowlanych, przy budowie zakładów chemicznych „Buna", w malarni obozu, a od lipca 1943 w szpitalu więźniarskim, w blokach nr 20 i 28. Na polecenie Lagerältestera HKB (starszy szpitala), H. Bocka (nr obozowy 5), oznaczał na planszach rozmieszczenie i kolor plam duru wysypkowego u chorych, a także sporządzał rysunki wszy jako nosicielki zarazka duru. Wykonywał też prace liternicze. W 1943 w baraku obozu cygańskiego w Brzezince wykonał na ścianach barwne rysunki, obrazujące zabawy dziecięce. W wolnych chwilach portretował współwięźniów przebywających w szpitalu. Po wyzwoleniu – w latach 1946-52 – mieszkał na Dolnym Śląsku, współorganizując odradzające się środowisko plastyczne. W 1952 przeniósł się do Warszawy. Zajmuje się malarstwem sztalugowym, ściennym i wystawiennictwem. W latach pięćdziesiątych wykonał serię obrazów przedstawiających sceny z życia więźniów oświęcimskich. Bierze udział w wystawach ogólnopolskich i okręgowych ZPAP. Indywidualnie swe prace wystawiał m. in. w Jeleniej Górze (1959).

UNKIEWICZ JANINA (OBECNIE GOŁĘBIOWSKA)

nr obozowy 26 776

Urodzona 15 I 1918 w Lublinie. Tam też mieszkała i studiowała przed wojną. W sierpniu 1941 aresztowana i uwięziona na Zamku Lubelskim, a 13 III 1942 wywieziona do KL Auschwitz. Przebywała w obozie kobiecym w Brzezince. Pracowała m. in. przy sortowaniu odzieży cywilnej więźniów w tzw. magazynach „Kanady" oraz w „Aufnahmekommando" przy rejestrowaniu nowo przybyłych więźniarek. W obozie portretowała koleżanki. 19 I 1945 ewakuowana, zbiegła na trasie w pobliżu Żor 22 I 1945.

WALIŃSKI MARIAN

nr obozowy 121 286

Urodzony 15 III 1913. Przed wojną mieszkał i pracował w Poznaniu. W 1939 brał udział w kampanii wrześniowej. 12 I 1942 aresztowany w Poznaniu i osadzony w Forcie VII, a 11 V 1943 wywieziony do KL Auschwitz. Pracował m. in. przy tworzeniu alejki brzozowej, regulacji rzeki Soły oraz w malarni jako liternik. W sierpniu 1943 został przeniesiony do podobozu Monowice i zatrudniony przy budowie zakładów chemicznych „Buna". Pracował także w podobozach Sosnowitz I (Sosnowiec) i Fürstengrube (Wesoła k. Mysłowic). W Fürstengrube na polecenie władz SS wykonywał m. in. makietę plastyczną tego podobozu. Portretował współwięźniów. 18 IX 1944 przeniesiony do Leitmeritz (podobóz KL Flossenbürg) i tam wyzwolony 8 V 1945.

WIECZORKOWSKI FRANCISZEK

nr obozowy 1359

Urodzony 1 III 1920 w Toruniu. 18 VII 1940 przywieziony do KL Auschwitz transportem z Krakowa. Jedyny zachowany w zbiorach muzeum oświęcimskiego rysunek pozwala przypuszczać, że autor niemal od początku pracował w karnej kompanii przy walcu drogowym (tzw. walcu Krankemanna). Od 28 I 1943 do 24 II 1944 pięciokrotnie przebywał w bunkrze bloku nr 11, m. in. jako podejrzany o udział w tajnej organizacji obozowej oraz za próbę ucieczki. Dalsze jego losy nie są znane.

ZADORECKI ROMAN

nr obozowy 25 151

Urodzony 21 III 1914 w Lublińcu. Jako uczestnik kampanii wrześniowej w walkach pod Biłgorajem dostał się do niewoli. Zbiegł z transportu jeńców w okolicach Krakowa, po czym zamieszkał w Wadowicach. W 1941 skierowany przez „Arbeitsamt" (biuro pracy) do pracy w charakterze cywilnego pomocnika kierowcy w zakładach chemicznych „Buna" w Oświęcimiu. Za pomoc w ucieczce więźnia aresztowany i w listopadzie 1941 osadzony w KL Auschwitz w bloku nr 11. Pracował w magazynie materiałów budowlanych („Bauhof"). Malował niewielkie obrazki oraz portrety, które ukrywał na strychu magazynu. W listopadzie 1944 przeniesiony do Oranienburga (podobóz KL Sachsenhausen), a następnie do „Porta Westfalica" (podobóz KL Neuengamme). W 1945 ewakuowany do Ludwigslust i tam wyzwolony.

ZADURSKI BOLESŁAW

nr obozowy 14 401

Malarz. Urodzony 20 IV 1896 w Lublinie, zmarł 10 IX 1942 w KL Auschwitz. Do obozu oświęcimskiego przywieziony 6 IV 1941 transportem z Lublina.

ZLAMALL VLADIMIR

nr obozowy 84 649

Malarz. Urodzony 26 XII 1884 w Prostějovie (Czechosłowacja). 18 XII 1943 przywieziony transportem zbiorowym do KL Auschwitz. W latach 1943-44 pracował w obozowym szpitalu w blokach nr 20 i 21, gdzie na polecenie lekarzy SS wykonywał barwne rysunki chorych więźniów, m. in. przesyłanych z Brzezinki przez dr. J. Mengele Cyganów cierpiących na nomę. 1 X 1944 został przeniesiony do KL Buchenwald. Dalsze losy artysty nie są znane.

Katalog

ANDRZEJEWSKI SZCZEPAN
65 *Portret Maksymiliana Piłata*
KL Auschwitz I, 1944
pastele, papier, 40 × 30
PMO-I-1-33
Portret przesłany nielegalnie do rodziny Piłata.
Maksymilian Piłat – nr obozowy 5131, ur. 22 IX 1911 w Kępie – muzyk, przywieziony do KL Auschwitz 22 IX 1940 z Warszawy. Pracował w orkiestrze obozowej. W październiku 1944 przeniesiony do KL Sachsenhausen – podobóz Oranienburg. Wyzwolony 3 V 1945 na trasie ewakuacji obozu pod Schwerinem. Po wojnie pracownik Państwowej Opery i Filharmonii Bałtyckiej w Gdańsku.

BARTISCHAN JEAN
70 *Portret mężczyzny w kaszkiecie*
KL Auschwitz III-Golleschau, 1944
ołówek, papier, 20,5 × 15,5
PMO-I-2-872

BOWBELSKI ADAM
10 *Scenka ludowa (ozdobnik listu obozowego)*
KL Auschwitz I, 1941
tempera, papier, 16 × 11,5 (21 × 15)
PMO-I-5-19

CLAUDE JEAN PAUL
71 *Portret Wiesława Kalwody*
KL Auschwitz III-Fürstengrube, 1943–1944
ołówek, papier, 14,5 × 10,5
PMO-I-2-860
Wiesław Kalwoda – nr obozowy 127 598, ur. 23 VI 1919 w Sieradzu – przywieziony do KL Auschwitz 3 VII 1943 z Łodzi. Od lipca 1943 do września 1944 pracował w podobozach Monowitz i Fürstengrube (Wesoła k. Mysłowic). We wrześniu 1944 przeniesiony do KL Flossenbürg – podobóz Leitmeritz.

CZECH BRONISŁAW
9 *Widok tatrzański – Rysy*
KL Auschwitz I (muzeum obozowe), 1942
olej, płótno, 25 × 37,5
PMO-I-1-234

ČERNY DOMINIK
149 *Brzozowy las*
KL Auschwitz I (muzeum obozowe), 1943
olej, płótno, 42 × 62
PMO-I-1-247

DĄBROWSKI JACEK
72 *Portret Mieczysława Zawierki*
KL Auschwitz I, 1942
ołówek, papier, tektura, 28,5 × 20,5
PMO-I-2-682
Wykonany na odwrocie karty gorączkowej w szpitalu więźniarskim.
Mieczysław Zawierka – nr obozowy 20 419, ur. 21 VII 1899 w Łodzi – przywieziony do KL Auschwitz 4 IX 1941 z Warszawy. Pracował m.in. w komandzie „Buna" przy budowie zakładów chemicznych w Monowicach i jako pisarz w obozie radzieckich jeńców wojennych. 12 V 1942 zwolniony z obozu. W 1944 aresztowany ponownie w Łodzi i osadzony w więzieniu gestapo przy ul. Sterlinga. 20 I 1945 zbiegł na trasie ewakuacji więzienia pod Poznaniem.

DE METZ JACQUES
73 *Portret Jerzego Rogocza*
KL Auschwitz III-Eintrachthütte, 1944
ołówek, papier, 62,5 × 50,3
PMO-I-2-1337
Jerzy Rogocz – nr obozowy 7651, ur. 3 II 1909 w Chorzowie – przywieziony do KL Auschwitz 18 XII 1940 z Katowic. Pracował jako palacz w magazynach SS, a od 7 VI 1943 w podobozie Eintrachthütte (Świętochłowice). W styczniu 1945 został przeniesiony do KL Mauthausen – podobóz Gusen, a potem do KL Flossenbürg – podobóz Riese. W maju 1945 zbiegł na trasie ewakuacji obozu.

DIDYK STEFAN
74 *Portret Władysławy Kożusznik*
KL Auschwitz I, 1942
drewno, 20,3 × 15,5
PMO-I-3-29
Wykonany na podstawie fotografii przemyconej do obozu, ofiarowany W. Kożusznik przez więźniów zatrudnionych w ogrodnictwie w Rajsku z wdzięczności za udzielaną im pomoc.
Władysława Kożusznik – ur. 25 IX 1917 w Przecieszynie – aktywna działaczka przyobozowego ruchu oporu. Już w 1940 samorzutnie nawiązała kontakty z więźniami KL Auschwitz. Nasiliły się one w 1942, gdy podjęła współpracę z więźniami z ogrodnictwa w Rajsku, przekazując do obozu żywność, leki oraz nielegalną korespondencję.

DUNIKOWSKI XAWERY
3 *Portret Mariana Ruzamskiego*
KL Auschwitz I, 1943–1944
węgiel, papier, 29,5 × 21,5
PMO-I-2-580
75 *Portret Mariana Ruzamskiego*
KL Auschwitz I, 1943–1944
węgiel, papier, 29 × 21
PMO-I-2-578
76 *Portret Alfreda Woycickiego*
KL Auschwitz I, 1944
kredka czarna i brązowa, papier, 30 × 22
PMO-I-2-1355
Alfred Woycicki – nr obozowy 39 247, ur. 12 VI 1906 we Lwowie – przywieziony do KL Auschwitz 11 VI 1942 z Krakowa. Pracował w komandzie służby rozpoznawczej. Podejrzany o przynależność do tajnej obozowej organizacji, 25 IX 1943 został osadzony w bunkrze bloku nr 11. W listopadzie 1944 przeniesiony do KL Gross-Rosen, a w lutym 1945 do KL Flossenbürg – podobóz Leitmeritz, gdzie przebywał do zakończenia wojny. Po wojnie kierownik literacki Teatru im. J. Słowackiego w Krakowie.

EDEL (HIRSCHWEH) PETER
20 *Autoportret*
  KL Auschwitz I, 1944
  ołówek, karton, 29,5 × 20
  PMO-I-2-1353

FRIEDMAN DAVID
77 *Portret Jerzego Stanisława Severy*
  KL Auschwitz III-Gleiwitz I, 1944
  ołówek, karton, 37 × 31,5
  PMO-I-2-1280
  Portret przekazany nielegalnie matce, za pośrednictwem znajomego z Żor Śląskich, cywilnego pracownika kolejowych zakładów naprawczych w Gliwicach.
  Jerzy Severa — nr obozowy 66 843, ur. 22 III 1912 w Katowicach — przywieziony do KL Auschwitz 2 X 1942. Pracował m.in. w magazynie depozytów więźniarskich. Oskarżony o nielegalną działalność skierowaną przeciw SS, 21 I 1943 osadzony został w bunkrze bloku nr 11. Od 1 V 1944 pracował jako pisarz w obozie Monowitz, a następnie w podobozie Gleiwitz I. W styczniu 1945 został ewakuowany z obozu głównego i wyzwolony 19 IV 1945 nad Nysą Łużycką.

GAWRON WINCENTY
26 *Wymarsz do Abbruchu*
  KL Auschwitz I, 1942
  ołówek, papier, 24 × 32,3
  PMO-I-2-1525
37 *Apel*
  Limanowa, 1942 (po ucieczce z obozu)
  ołówek, papier, 23,5 × 29
  PMO-I-2-890
78 *Portret Stanisława Gutkiewicza*
  KL Auschwitz I, 1942
  ołówek, papier, 33 × 19,5
  PMO-I-2-892
79 *Portret Pawła Żura*
  KL Auschwitz I, 1942
  ołówek, akwarela, papier, 34 × 24
  PMO-I-2-891
  Paweł Żur — nr obozowy 1188, ur. 22 VI 1918 w Chorzowie — przywieziony do KL Auschwitz 24 VI 1940 z Sosnowca. Pracował m.in. jako tłumacz w karnej kompanii oraz jako pisarz w warsztatach odzieżowych. 11 V 1944 zwolniony z obozu.

GOŁUB (HOŁUB) WASYL
150 *Wioska w zimie*
  KL Auschwitz I (muzeum obozowe), 1942
  olej, tektura, 12,5 × 22,5
  PMO-I-1-231

GOTTLIEBOVA (BABBITT) DINAH
7 *Półkrwi Cyganka z Niemiec*
  KL Auschwitz II-Birkenau, 1944
  akwarela barwna, papier, 38,5 × 31
  PMO-I-1-115
81 *Półkrwi Cyganka z Francji*
  KL Auschwitz II-Birkenau, 1944
  akwarela barwna, papier, 38 × 31
  PMO-I-1-111
82 *Półkrwi Cygan z Francji*
  KL Auschwitz II-Birkenau, 1944
  akwarela barwna, papier, 45 × 40
  PMO-I-1-113
83 *Półkrwi Cygan z Niemiec*
  KL Auschwitz II-Birkenau, 1944
  akwarela barwna, papier, 33 × 26
  PMO-I-1-114
84 *Cyganka z Polski*
  KL Auschwitz II-Birkenau, 1944
  akwarela barwna, papier, 45,5 × 38,5
  PMO-I-1-112
85 *Półkrwi Cygan z Niemiec*
  KL Auschwitz II-Birkenau, 1944
  akwarela barwna, karton, 43 × 37,8
  PMO-I-1-440

GOZDAWA-PIASECKI BOLESŁAW
80 *Portret Zbigniewa Budzyńskiego*
  KL Auschwitz I, 1941
  ołówek, papier, 16,5 × 12
  PMO-I-2-858
  Zbigniew Budzyński — nr obozowy 8404, ur. 11 IV 1917 w Dąbrowie Górniczej — przywieziony do KL Auschwitz 7 I 1941 z Radomia.

GUTKIEWICZ STANISŁAW
86 *Portret Henryka Bartosiewicza*
  KL Auschwitz I, 1942
  kredki, papier, 23,5 × 17
  PMO-I-2-585
  Henryk Bartosiewicz ps. okupacyjny Janota, kapitan rezerwy — nr obozowy 9406, ur. 2 I 1908 w Łodzi — przywieziony do KL Auschwitz 11 I 1941 z Łodzi. Pracował m.in. w warsztatach odzieżowych oraz w komandzie kanalizatorów w Brzezince. Podejrzany o przynależność do tajnej obozowej organizacji (faktycznie członek kierownictwa Związku Organizacji Wojskowej), 25 IX 1943 został osadzony w bunkrze bloku nr 11. W czerwcu 1944 przeniesiony do KL Buchenwald, skąd zbiegł w marcu 1945. Po ucieczce ukrywał się w miejscowości Herbsleben i tam wyzwolony 17 IV 1945.
87 *Portret Tomasza Serafińskiego*
  KL Auschwitz I, 1942
  ołówek, papier, 28 × 20
  PMO-I-2-604
  Tomasz Serafiński — nazwisko konspiracyjne, prawdziwe: Witold Pilecki — nr obozowy 4859, ur. 13 V 1901 w Wilnie — porucznik rezerwy, działacz podziemnej organizacji wojskowej. Do KL Auschwitz przybył 22 IX 1940 z zadaniem zorganizowania w obozie podziemnej organizacji wojskowej. W tym celu dobrowolnie dołączył do grupy osób zatrzymanych podczas łapanki ulicznej w Warszawie. Pracował m.in. jako sanitariusz w szpitalu obozowym w bloku nr 20, w garbarni, stolarni oraz jako kreślarz-kartograf w ośrodku radiowo-telegraficznym przy komendanturze SS. Zamierzony plan zrealizował tworząc w obozie grupę ruchu oporu — Związek Organizacji Wojskowej (ZOW). Praca ZOW, oparta na systemie „piątkowym", polegała głównie na

zdobywaniu żywności, odzieży, lekarstw, podtrzymywaniu więźniów na duchu oraz przekazywaniu informacji. Meldunki o sytuacji w obozie przesyłano do Warszawy za pośrednictwem zwalnianych więźniów oraz uciekinierów. 27 IV 1943 W. Pilecki zbiegł z obozu wraz z Edwardem Ciesielskim (nr obozowy 12 969) i Janem Retko (nr obozowy 5430). Celem ucieczki było wyniesienie dokumentów obozowych potwierdzających hitlerowskie zbrodnie, przekazanie światu prawdy o obozie oraz przygotowanie przy pomocy organizacji podziemnych planu uwolnienia więźniów. Po ucieczce z obozu działał w Komendzie Głównej AK w Warszawie. W 1944 brał udział w Powstaniu Warszawskim, po jego upadku przebywał do końca wojny w niewoli niemieckiej w oflagach Lamsdorf i Murnau.

88 Portret dr. Františka Beneša
KL Auschwitz I, 1942
ołówek, papier, 28 × 20
PMO-I-2-588
František Beneš – nr obozowy 25 659, ur. 4 X 1907 w Zbečniku – działacz kierownictwa czeskiej organizacji „Sokol" (ČOS), przywieziony do KL Auschwitz 15 I 1942 z Pragi. Pracował m.in. przy wyładunku wagonów, w żwirowni oraz przy budowie baraków w Brzezince. 2 VI 1942 zwolniony z obozu.

89 Portret Jana Brabca
KL Auschwitz I, 1942
ołówek, papier, 28 × 20
PMO-I-2-592
Jan Brabec – nr obozowy 25 565, ur. 3 II 1876 w Pradze – działacz kierownictwa czeskiej organizacji „Sokol" (ČOS), przywieziony do KL Auschwitz 15 I 1942 z Pragi. Pracował m.in. w żwirowni obozowej. 27 III 1942 zmarł w obozie.

90 Portret Bedřicha Jentovskiego
KL Auschwitz I, 1942
ołówek, papier, 28 × 20
PMO-I-2-607
Bedřich Jentovský – nr obozowy 25 630, ur. 24 IX 1889 w Ujezde – dr filozofii, działacz kierownictwa czeskiej organizacji „Sokol" (ČOS), przywieziony do KL Auschwitz 15 I 1942 z Pragi. Pracował m.in. w żwirowni obozowej. 12 II 1942 zmarł w obozie.

IWANOW WASYL

91 Portret Józefa Nowaka
KL Auschwitz I, 1944
ołówek, papier, 15 × 10,5
PMO-I-2-871

JAŹWIECKI FRANCISZEK

92 Autoportret
KL Auschwitz I, 1942
ołówek, kredka niebieska, papier, 20 × 14
PMO-I-2-34

93 Portret nieznanego więźnia
KL Auschwitz I, 1942
ołówek, karton, 20 × 14
PMO-I-2-101

94 Portret Józefa Gucwy
KL Auschwitz I, 1942
ołówek, karton, 20 × 14
PMO-I-2-52
Józef Gucwa – ur 19 I 1919 w Rubkowie – przebywał w KL Auschwitz w 1942. W marcu 1943 został przeniesiony do KL Sachsenhausen-Oranienburg, a w lipcu 1944 do KL Buchenwald-Schönebeck i Halberstadt.

95 Portret Igora Dryga
KL Auschwitz I, 1942
ołówek, karton, 20 × 14
PMO-I-2-23

96 Portret Daniela Boguszewskiego
KL Auschwitz I, 1943
ołówek, kredka, karton, 20 × 14
PMO-I-2-54
Daniel Boguszewski – nr obozowy 63 737, ur. 2 VII 1917 w Ozierku (ZSRR) – przywieziony do KL Auschwitz 15 IX 1942 z Radomia. Pracował m.in. jako lekarz weterynarz w stajni SS. W marcu 1943 przeniesiony do KL Gross-Rosen, potem do KL Sachsenhausen-Oranienburg, a następnie do KL Buchenwald-Halberstadt. 13 V 1945 wyzwolony na trasie ewakuacji obozu w pobliżu Zwickau.

97 Portret nieznanego więźnia
KL Auschwitz I, 1942
ołówek, karton, 20 × 14
PMO-I-2-77

JILOVSKÝ JIŘI (GEORG)

155 Krajobraz z brzozą
KL Auschwitz I, 1944
akwarela barwna, karton, 14,5 × 19
PM-I-1-377

KACZMARCZYK CZESŁAW HENRYK

156 Niedziela na Mazowszu
KL Auschwitz I, 1944
tempera, karton, 10,5 × 15
PMO-I-1-403

KOMSKI (BARAŚ, NOSEK) JAN MIECZYSŁAW

66 Portret Kazimierza Jarzębowskiego
KL Auschwitz I, 1940
ołówek, papier, 23 × 16
PMO-I-2-445
Kazimierz Jarzębowski nr obozowy 115, ur. 22 I 1906 w Poznaniu – inżynier-miernik, przywieziony do KL Auschwitz 14 VI 1940 z Tarnowa. Pracował w komandzie mierników. Za kontakty z ludnością cywilną 30 VII 1941 osadzony w bunkrze bloku nr 11, a następnie skierowany do karnej kompanii. 20 V 1943 podczas pomiarów terenu zbiegł w Skidziniu-Wilczkowicach wraz ze Stanisławem Chybińskim (nr obozowy 6810) i Józefem Rotterem (nr obozowy 365). Schwytany, 31 VII 1943 ponownie dostarczony do obozu i osadzony w bunkrze bloku nr 11. Torturowany podczas śledztwa, dwukrotnie usiłował popełnić samobójstwo. 20 VIII 1943 rozstrzelany na dziedzińcu bloku nr 11.

67 Portret Władysławy Harat
Libiąż, 1943 (po ucieczce z obozu)
akwarela barwna, papier, 37 × 29
PMO-I-1-209

68 Portret Andrzeja Harata

Libiąż, 1943 (po ucieczce z obozu)
akwarela barwna, papier, 37 × 29
PMO-I-1-211
Andrzej Harat – ur. 12 XI 1900 w Czańcu – działacz Związku Walki Zbrojnej i Armii Krajowej, kwatermistrz Inspektoratu Sosnowieckiego (ps. Wicher), a następnie dowódca Inspektoratu Południowo-Śląskiego Bielsko-Biała (ps. Bagier i Czysty). Uczestniczył w przyobozowym ruchu oporu, m.in. pomagając uciekinierom obozu oświęcimskiego, których ukrywał w swym domu w Libiążu.

69 Portret Stefanii Harat
Libiąż, 1943 (po ucieczce z obozu)
akwarela barwna, papier, 41,5 × 35,5
PMO-I-1-210

KOŚCIELNIAK MIECZYSŁAW
8 Wnętrze muzeum obozowego
KL Auschwitz, 1942
olej, płótno, 51 × 41
PMO-I-1-6
21 Więźniowie oświęcimscy
KL Auschwitz I, 1944
tusz czarny, piórko, papier, 30 × 21
PMO-I-2-212
22 Obozowa egzystencja (na odwrocie: szkic dwóch postaci)
KL Auschwitz I, 1941
tusz czarny, piórko, papier, 27 × 21
PMO-I-2-195
24 Więźniarka Oświęcimia
KL Auschwitz I, 1944
tusz czarny, karton, 22 × 11
PMO-I-2-217
25 Apel (na odwrocie szkic: Walka ze statku)
KL Auschwitz I, 1944
tusz czarny, piórko, karton, 29 × 21
PMO-I-2-200
33 Sortowanie butów (na odwrocie szkic: Powrót z pracy)
KL Auschwitz I, 1943
atrament niebieski, papier, 29,5 × 21
PMO-I-2-199
40 Muzułmanie
KL Auschwitz I, 1944
tusz czarny, piórko, karton, 16 × 12
PMO-I-2-219
49 Szukanie wszy
KL Auschwitz I, 1943
tusz czarny, piórko, papier, 21 × 15
PMO-I-2-189
50 Wesz to śmierć
KL Auschwitz I, 1942
linoryt barwny, papier, 41 × 29
PMO-I-6-1
Plakat wykonano w obozowej drukarni na polecenie SS-mana W. Recka z przeznaczeniem do pomieszczeń więźniarskich. Nadruk wykonał Jan Wilczak (nr obozowy 7678).
51 Więźniowie (3a)
KL Auschwitz I, 1944
tusz czarny, piórko, karton, 18,5 × 14,8
PMO-I-2-1238
53 Koledzy
KL Auschwitz I, 1944
akwaforta, papier, 20 × 13,2
PMO-I-2-277
54 Więźniowie I
KL Auschwitz I, 1944
akwaforta, karton, 14 × 10
PMO-I-2-320
58 List z domu
KL Auschwitz I, 1944
akwaforta, karton, 13,5 × 10
(19,8 × 14,8)
PMO-I-2-1021
59 List z domu
KL Auschwitz I, 1941
kredka czarna, papier, 31 × 29
PMO-I-2-203
Na portrecie więźniowie Wincenty Gawron i Alojzy Gołka. Alojzy Gołka – nr obozowy 1209, ur. 12 VI 1920 w Kleszczowie – przywieziony do KL Auschwitz 26 VI 1940 z Sosnowca. Pracował m.in. w głównej izbie pisarskiej. Na przełomie października i listopada 1941 przeniesiony do więzienia w Katowicach, a następnie do Zabrza, skąd w maju 1942 ponownie przywieziony do KL Auschwitz. W tym samym roku wywieziony do więzienia w Bytomiu, a potem w Raciborzu. W styczniu 1945 zbiegł na trasie ewakuacji więzienia pod Piotrowicami Wielkimi. Po wojnie architekt, metaloplastyk.
60 Pisanie listu
KL Auschwitz I, 1943
tusz czarny, piórko, karton, 14,8 × 9
PMO-I-2-1240
61 Załatwiony
KL Auschwitz I, 1942
tusz czarny, piórko, papier, 32,5 × 24
PMO-I-2-223
62 Koleżeńska przysługa
KL Auschwitz I, 1943
kredka brązowa, karton, 21 × 29,5
PMO-I-2-192
64 Powrót z pracy
KL Auschwitz I, 1942
kredka czarna, karton, 24 × 32,5
PMO-I-2-224
98 Autoportret
KL Auschwitz I, 1943
akwarela barwna, karton, 12,5 × 8,7
PMO-I-1-29
Autoportret dedykowany matce, przekazany rodzinie w Świeciu za pośrednictwem pracowników pralni w Bielsku.
99 Karykatura Władysława Fejkla
KL Auschwitz I, 1944
akwarela barwna, kredka, papier, 22 × 15
PMO-I-1-19
Władysław Fejkiel – nr obozowy 5647, ur. 1 I 1911 w Krościenku – przywieziony do KL Auschwitz 8 X 1940 transportem z Krakowa-Tarnowa. W obozie pełnił funkcję „Lagerältestera" szpitala obozowego. W styczniu 1945 ewakuowany do KL Mauthausen i tam wyzwolony 5 V 1945. Obecnie prof. dr medycyny.
100 Portret Adama Bowbelskiego
KL Auschwitz I, 1941
akwarela barwna, karton, 31 × 22,5
PMO-I-1-30
101 Portret Xawerego Dunikowskiego
KL Auschwitz I, 1944
akwaforta, papier, 12,3 × 10,7
(14,3 × 11,6)
PMO-I-2-191
102 Portret Franciszka Targosza
KL Auschwitz I, 1941

kredki, karton, 32 × 24
PMO-I-2-291
103 Portret Henryka Kwiatkowskiego
KL Auschwitz I, 1943
ołówek, karton, 24,5 × 17,5
PMO-I-2-1174
Portret powstał w związku z zamiarem ucieczki H. Kwiatkowskiego z obozu. Nielegalnie wysłany z Oświęcimia do A. Ramsa w Spytkowicach celem wykonania fotografii do kenkarty. Mieszkaniec Nowych Dworów k. Brzeźnicy - A. Sikora zreprodukował portret w zakładzie fotograficznym w Krakowie, a kenkartę spreparował żołnierz podziemia - J. Sikora z Nowych Dworów.
Henryk Kwiatkowski - nr obozowy 3002, ur. 12 XI 1917 w Wilkowicach - przywieziony do KL Auschwitz 15 VIII 1940 z Warszawy. Pracował m.in. w stajniach SS oraz w mleczarni. 9 IX 1944 zbiegł z obozu wraz z Stanisławem Furdyną (nr obozowy 193), Stanisławem Malińskim (nr obozowy 69), Antonim Wykrętem (nr obozowy 613) i Stanisławem Zakrzewskim (nr obozowy 118 410). H. Kwiatkowski i A. Wykręt, przebrani w mundury SS oraz zaopatrzeni w podrobioną przepustkę, konwojowali dwóch pozostałych więźniów poza teren obozu. Po ucieczce H. Kwiatkowski ukrywał się, do 13 IX 1944, w Łękach pod Oświęcimiem u rodziny Franciszka Dusika, następnie wstąpił do oddziału partyzanckiego „Sosienki" (dowodzonego przez por. Jana Wawrzyczka), w szeregach którego pozostał do zakończenia wojny.
104 Portret Jana Barasia Komskiego
KL Auschwitz I, 1942
akwarela barwna, karton, 34,5 × 25
PMO-I-1-22
105 Raynoch i kolega
KL Auschwitz I, 1944
ołówek, karton, 20 × 16

PMO-I-2-1241
148 Zur Freiheit (Do wolności)
KL Auschwitz I, 1943
kredki, papier, 14,5 × 9,5
PMO-I-2-193

KRAWCZYK JÓZEF
45 Kapo
KL Auschwitz I, 1941
drewno, wysokość: 24
PMO-I-3-31
Z drogowskazu obozowego „Birkenallee"

LATAWIEC BRONISŁAW
106 Portret Leona Matei
KL Auschwitz I, 1941
ołówek, karton, 48 × 32
PMO-I-2-856
Leon Mateja - nr obozowy 7627, ur. 23 VI 1909 w Chorzowie - przywieziony do KL Auschwitz 18 XII 1940 z Katowic. Pracował m.in. w głównej izbie pisarskiej. 4 III 1942 zwolniony z obozu.

LECH TADEUSZ
16 Żyd
KL Auschwitz I, 1941
drewno, wysokość: 33
PMO-I-3-46
Z drogowskazu obozowego „Dali-dali-Strasse".

LENCZOWSKI CZESŁAW
107 Portret Alfreda Skrabani
KL Auschwitz I, 1942
akwarela barwna, papier, 30,5 × 23,5
PMO-I-1-349
Portret wykonany w bloku nr 15, został doręczony rodzicom A. Skrabani w Tarnowskich Górach za pośrednictwem zatrudnionego na terenie przyobozowym F. Walizko z Rept Śląskich.
Alfred Skrabania - nr obozowy 26 645, ur. 3 IX 1920 w Suchej Górze - przywieziony do KL Auschwitz 9 III 1942 z Katowic. Pracował m.in. na placu magazynowym „Holzhof" oraz w obozowej ślusarni. W KL Auschwitz przebywał do 28 XI 1943.

LINKS EDITH
108 Portret Ernestyny Lassok
KL Auschwitz II-Birkenau, 1943
kredki, ołówek, papier, 14 × 10
PMO-I-2-1252
Ernestyna Lassok (obecnie Bonarek) - nr obozowy 22 182, ur. 8 IX 1914 w Czyżowicach - przywieziona do KL Auschwitz 7 X 1942 z Lublina. Pracowała przy rejestracji nowo przybyłych więźniarek w Brzezince. W listopadzie 1944 przeniesiona do KL Ravensbrück, a następnie do KL Buchenwald-Magdeburg. W styczniu 1945 skierowana do biura zatrudnienia w Weimarze, zbiegła do Wodzisławia Śląskiego, gdzie została wyzwolona 26 III 1945.

LIWACZ JAN
162 Kasetka
KL Auschwitz I, 1942-1943
żelazo, szkło, 20,2 × 15,8 × 20,8
PMO-I-4-101
Kasetkę ofiarował Helenie Stupkowej więzień K. Jarzębowski z wdzięczności za udzieloną pomoc. H. Stupkowa, ps. okupacyjny Jadzia, aktywna działaczka przyobozowego ruchu oporu, kierowała pracami Komitetu Pomocy Więźniom Politycznym Obozu w Oświęcimiu, który zajmował się nielegalnym dostarczaniem do obozu lekarstw, żywności, odzieży oraz pośredniczeniem w wymianie korespondencji więźniów z rodzinami.

MACHNOWSKI JAN JANUSZ
109 Portret Wincentego Gawrona
KL Auschwitz I, 1942
tusz czarny, piórko, papier, 32 × 23
PMO-I-2-802
110 Portret Leopolda Brodzińskiego
KL Auschwitz I, 1942
tusz czarny, piórko, papier, 28 × 21
PMO-I-2-801
Leopold Brodziński (w obozie: Trzebuchowski) - nr obozowy 2195, ur. 2 XI 1894 - aktor, przywieziony do KL Auschwitz 15 VIII 1940 z Warszawy. Pracował m.in. w warsztatach

odzieżowych. 29 III 1942 zmarł w obozie.

MARKIEL JACQUES
111 Portret Jana Zdzisława Pałasińskiego
KL Auschwitz III-Jawischowitz, 1943
tempera, karton, 36,5 × 24
PMO-I-1-117
*Portret wykonany cząstkami farby zdjętej ze ścian. Autor tworzył go nocą podczas dyżurów J. Z. Pałasińskiego w kuchni obozowej.
Jan Zdzisław Pałasiński — nr obozowy 462, ur. 10 XII 1912 w Krakowie — przywieziony do KL Auschwitz 14 VI 1940 z Tarnowa. Początkowo pracował w różnych komandach, a od 1 X 1943 w podobozie Brno, skąd w styczniu 1944 ponownie skierowano go do Oświęcimia i przydzielono do pracy w podobozie Jawiszowice. W grudniu 1944 został przeniesiony do KL Buchenwald-Ohrdruf. W kwietniu 1945 zbiegł na trasie ewakuacji w pobliżu Klenči i tam wyzwolony 1 V 1945.*

112 Portret Wandy Bakłarz-Hoder
KL Auschwitz III-Jawischowitz, 1943
akwarela barwna, karton, 31,5 × 21,5
PMO-I-1-118
*Portret, wykonany na podstawie przemyconej do obozu fotografii, ofiarowany Wandzie Bakłarz z wdzięczności za niesioną więźniom pomoc.
Wanda Bakłarz (obecnie Hoder), ur. 2 II 1925 w Jawiszowicach, od 1942 wspomagała więźniów podobozu Jawiszowitz zaopatrując ich głównie w lekarstwa pozyskiwane z apteki w Dziedzicach.*

113 Portret Gézy Scheina
KL Auschwitz III-Jawischowitz, 1943
ołówek, papier, 14,5 × 10,5
PMO-I-2-610
*Portret ofiarował Emilii Klimczyk, ówczesnej pracownicy kuchni kopalni w Brzeszczach. Géza Schein, małoletni więzień pochodzenia żydowskiego z Węgier. Kobieta ta nielegalnie dostarczała jemu i innym więźniom żywność w miejscu pracy. Ich drogi się rozeszły, gdy chłopiec został ewakuowany z obozu.
W 1973 r. przy okazji eksponowania wystawy oświęcimskiej w Miejskiej Galerii w Budapeszcie tygodnik „Nök Lapja" zamieścił reprodukcję portretu z apelem o pomoc w jego zidentyfikowaniu. Przypadek sprawił, że żona portretowanego rozpoznała na zdjęciu męża. W ten sposób, prawie w trzydzieści lat po zakończeniu wojny, doszło do ponownego spotkania „chłopca z portretu" z opiekującą się nim w obozie „mamą".
Géza Schein (obecnie Kozma) — ur. 7 II 1933 w Budapeszcie — przybył do KL Auschwitz w czerwcu 1944 transportem Żydów z Węgier. Pracował w podobozie Jawiszowice. We wrześniu 1944 został przeniesiony do KL Mauthausen-Gusen, a następnie do KL Buchenwald-Gelsenkirchen i tam wyzwolony 4 V 1945.*

MROZEK JÓZEF
114 Głowa więźnia
KL Auschwitz I, 1944
ołówek, karton, 18,2 × 14
PMO-I-2-1284/1

115 Portret młodego więźnia
KL Auschwitz I, 1944
ołówek, karton, 18,2 × 14
PMO-I-2-1284/8

MYSZKOWSKI FRANCISZEK TADEUSZ
152 Szałas górski
KL Auschwitz I, 1941-1942
drzeworyt, papier, 10 × 13,7
PMO-I-2-1340

NATHAN
116 Portret Rafała Kocika
KL Auschwitz I, 1943-1944
ołówek, karton, 37,5 × 31,5
PMO-I-2-1451
Rafał Kocik — nr obozowy 7591, ur. 4 VII 1920 we Wrześni — przywieziony do KL Auschwitz 18 XII 1940 z Katowic. Pracował m.in. w magazynie żywnościowym obozowej kuchni. W styczniu 1945 ewakuowany do KL Mauthausen-Melk, Ebensee i tam wyzwolony 6 V 1945.

NOWAKOWSKI WALDEMAR
5 Do gazu
KL Auschwitz II-Birkenau, 1943-1944
akwarela, karton, 15,5 × 10,7
PMO-I-1-548

28 Budowa Oświęcimia
KL Auschwitz II-Birkenau, 1943-1944
akwarela barwna, karton, 16 × 11,2
PMO-I-1-541

41 Chorzy
KL Auschwitz II-Birkenau, 1943-1944
akwarela barwna, karton, 16 × 11,2
PMO-I-1-549

57 Obiad
KL Auschwitz II-Birkenau, 1943-1944
akwarela barwna, karton, 15,5 × 10,7
PMO-I-1-546

63 Sztaple w kostnicy
KL Auschwitz II-Birkenau, 1943-1944
akwarela barwna, karton, 16 × 11,5
PMO-I-1-550

PACIOREK FRANCISZEK
160 Chrystus na krzyżu
KL Auschwitz I, 1943
rysunek ostrym narzędziem na tynku, 22 × 10,5 (39,5 × 38)
PMO-R1-457
Rysunek znajduje się w celi nr 21 w podziemiach bloku nr 11, tzw. Bloku Śmierci.

PACZESNY TADEUSZ
117 Portret Tadeusza Kubiaka
KL Auschwitz I, 1944
kredka czarna, karton, 28 × 22
PMO-I-2-1188
*Portret wykonany w pracowni fotograficznej obozowego biura budowlanego, wysłany za pośrednictwem cywilnego pracownika obozu do przyjaciela E. Lewackiego w Łodzi.
Tadeusz Kubiak — nr obozowy*

93 971, ur. 27 XI 1924 w Kaliszu – przywieziony do KL Auschwitz 26 I 1943. Pracował jako laborant w pracowni fotograficznej biura budowlanego. W 1943 wraz z Ludwikiem Lawinem (nr obozowy 2003) wykonał serię 83 fotografii obozu, przedstawiających m. in. pracę więźniów. Fotografie te – umieszczone we flakonie i opakowaniu po konserwie – zakopano pod barakiem biura budowlanego („Baubüro"), skąd je wydobyto po zakończeniu wojny. T. Kubiak w październiku 1944 został przeniesiony do KL Sachsenhausen-Oranienburg, a 8 V 1945 wyzwolony w miejscowości Neustadt.

POTRZEBOWSKI JERZY
154 Wierzchowce
    KL Auschwitz I (muzeum obozowe), 1943
    akwarela barwna, karton, 39,5 × 35
    PMO-I-1-406

RAYNOCH WŁADYSŁAW ZBIGNIEW
118 Portret Edwarda Pysia
    KL Auschwitz I, 1944
    ołówek, papier, 29,5 × 21
    PMO-I-2-1433
    Edward Pyś – nr obozowy 379, ur. 11 VI 1922 w Rzeszowie – przywieziony do KL Auschwitz 14 VI 1940 z Tarnowa. Pracował w szpitalu SS. 27 X 1944 zamierzał zbiec z obozu wraz z pięcioma członkami obozowej organizacji ruchu oporu – Ernestem Burgerem (nr obozowy 23 850), Czesławem Duzlem (nr obozowy 3702), Piotrem Piątym (nr obozowy 130 380), i Bernardem Świerczyną (nr obozowy 1393), lecz pomylił miejsce spotkania, z którego plan ten miano realizować. W efekcie uratował swe życie – ucieczka dla pozostałych uczestników zakończyła się tragicznie. W styczniu 1945 ewakuowany do KL Mauthausen-Gusen i tam wyzwolony 5 V 1945.

REISZ FRANZ (FRANCIS)
158 Pont Marie w Paryżu
    KL Auschwitz I, 1942
    akwarela barwna, karton, 18,5 × 26,5
    PMO-I-1-254

ROUBIČEK KAREL
163 Kasetka
    KL Auschwitz III-Golleschau, 1944
    drewno, szkło, 7,6 × 15,3 × 26,8
    PMO-I-4-185
    Kasetka ofiarowana została Marii Kajzer z Goleszowa w dowód wdzięczności za udzielanie pomocy więźniom.

RUZAMSKI MARIAN
  2 Portret Xawerego Dunikowskiego
    KL Auschwitz I, 1943–1944
    ołówek, papier, 30 × 22
    PMO-I-2-619
119 Portret Józefa Mrozka
    KL Auschwitz I, 1944
    kredki, karton, 18,2 × 14
    PMO-I-2-1284/2
120 Autoportret
    KL Auschwitz I, 1943–1944
    ołówek, papier, 25 × 20
    PMO-I-2-620
121 Portret Xawerego Dunikowskiego
    KL Auschwitz I, 1943–1944
    ołówek, papier, 29 × 19,7
    PMO-I-2-622
122 Portret Zenona Franka
    KL Auschwitz I, 1943–1944
    ołówek, papier, 29 × 19,5
    PMO-I-2-638
    Zenon Frank – nr obozowy 156, ur. 1920 – przywieziony do KL Auschwitz 14 VI 1940 z Tarnowa. Pracował w malarni obozu oraz w biurze budowlanym, gdzie wraz z Władysławem Siwkiem i Tadeuszem Paczesnym wykonywał modele plastyczne obozu oświęcimskiego. W listopadzie 1944 przeniesiony do KL Sachsenhausen i wyzwolony na trasie ewakuacji pod Schwerinem 3 V 1945.
123 Portret Edwarda Biernackiego
    KL Auschwitz I, 1943–1944
    kredki, papier, 30 × 21
    PMO-I-2-617
    Edward Biernacki – nr obozowy 1802, ur. 7 VIII 1909 – przywieziony do KL Auschwitz 15 VIII 1940 z Warszawy. Pracował m.in. w podobozie ogrodniczym w Rajsku. W 1944 został ewakuowany do KL Neuengamme. Prawdopodobnie zginął 3 V 1945 w Zatoce Lubeckiej w wyniku zatopienia statku „Cap Arcona".
124 Portret Mieczysława Kiety
    KL Auschwitz I, 1943
    ołówek, papier, 29 × 20
    PMO-I-2-646
    Mieczysław Kieta – nr obozowy 59 590, ur. 30 XII 1920 w Krakowie – przywieziony do KL Auschwitz 17 VIII 1942 z Krakowa. Pracował jako pomocnik sanitariusza w szpitalu obozowym w bloku nr 20, a od marca 1943 w Instytucie Higieny SS w Rajsku. W listopadzie 1944 przeniesiony do KL Gross-Rosen, a w lutym 1945 do KL Flossenbürg-Leitmeritz, skąd zbiegł w kwietniu 1945. Po wojnie dziennikarz, publicysta, autor wielu artykułów o tematyce oświęcimskiej, działacz społeczny, członek licznych stowarzyszeń i organizacji, m. in. Międzynarodowego Komitetu Oświęcimskiego, działał na rzecz ścigania i karania hitlerowskich zbrodniarzy. Zmarł w Krakowie 13 VI 1984.

SIWEK WŁADYSŁAW
 34 Budowa Erweiterungu (Budowa obozu)
    KL Auschwitz I, 1943
    olej, płyta pilśniowa, 53 × 72
    PMO-I-1-102
 35 Budowa Werkhalle (Budowa zakładu przemysłowego)
    KL Auschwitz, 1943
    olej, płyta pilśniowa, 77 × 147
    PMO-I-1-103

SIWIERSKI WŁODZIMIERZ
  6 Regulacja Soły I
    KL Auschwitz I, 1940
    ołówek, papier, 14,4 × 9,3
    (19,8 × 14,1)
    PMO-I-2-1511
 29 Więźniowie przy regulacji Soły
    KL Auschwitz I, 1940
    ołówek, papier, 10,7 × 5,7

PMO-I-2-1507
30 Placowi
KL Auschwitz I, 1941
ołówek, papier, 7 × 9,3
(10,6 × 12,8)
PMO-I-2-1510
31 Rzeźbiarze
KL Auschwitz I, 1941
ołówek, papier, 9,8 × 12,2
(12 × 13)
PMO-I-2-1515
32 Rzeźba
KL Auschwitz I, 1941
ołówek, papier, 15,7 × 11,2
(16,8 × 12,1)
PMO-I-2-1516
39 Dzień wolny od pracy
KL Auschwitz I, 1941
ołówek, papier, 10 × 11,9
(15,3 × 15,8)
PMO-I-2-1519
55 Zupa
KL Auschwitz I, 1940
ołówek, papier, 10 × 16,2
(10,7 × 16,8)
PMO-I-2-1521
125 Apel
KL Auschwitz I, 1940
ołówek, papier, 11,5 × 11
(13,1 × 12)
PMO-I-2-1504
126 Niedziela
KL Auschwitz I, 1940
ołówek, papier, 10,7 × 8,4
(11,4 × 9)
PMO-I-2-1503

STĘPIEŃ (BATOR) ZOFIA
127 Portret Zofii Posmysz
KL Auschwitz II-Birkenau, 1944
kredka czarna, papier, 20 × 14,5
PMO-I-2-1150
Zofia Posmysz - nr obozowy 7566, ur. 23 VIII 1923 w Krakowie - przywieziona do KL Auschwitz 30 V 1942 z Krakowa. Pracowała m. in. w komandzie rolniczym oraz kuchni obozowej w Brzezince. W styczniu 1945 ewakuowana do KL Ravensbrück-Neustadt-Glewe i tam wyzwolona 2 V 1945. Po wojnie autorka utworów literackich opartych na reminiscencjach z Oświęcimia, m. in. „Pasażerka", „Wakacje nad Adriatykiem", „Ten sam doktor M."

128 Portret Marii Ślisz
KL Auschwitz II-Birkenau, 1944
kredka czarna, papier, 21 × 14,5
PMO-I-2-874
Maria Ślisz (obecnie Oyrzyńska) - nr obozowy 40 275, ur. 11 IX 1923 w Cieszynie - przywieziona do KL Auschwitz 7 IV 1943. Pracowała w Brzezince m. in. w komandzie rolniczym oraz w szpitalu obozowym. W styczniu 1945 ewakuowana do KL Bergen-Belsen i tam wyzwolona 15 IV 1945.

129 Portret Mally Zimetbaum
KL Auschwitz II-Birkenau, 1943
kredki, karton, 25 × 17
PMO-I-2-415
Mally Zimetbaum - nr obozowy 19 880, ur. 21 I 1918 w Brzesku - Żydówka belgijska polskiego pochodzenia, przywieziona do KL Auschwitz 17 IX 1942 z obozu Malines w Belgii. Pracowała jako goniec w obozie kobiecym w Brzezince. 24 VI 1944 zbiegła z obozu w Brzezince wraz z polskim więźniem Edwardem Galińskim, który przebrany w mundur SS i zaopatrzony w podrobioną przepustkę konwojował ją jako więźnia w roboczym kombinezonie. Na głowie dla osłonięcia twarzy niosła umywalkę. W pobliżu granicy słowackiej uciekinierzy zostali schwytani. 6 VII 1944 ponownie dostarczeni do obozu, osadzeni w bunkrze bloku nr 11 i skazani na karę śmierci. Podczas odczytywania wyroku M. Zimetbaum podcięła sobie żyły i skrwawionymi dłońmi uderzyła w twarz esesmana Ruittersa. Zmarła w drodze do krematorium lub w pobliżu niego została zastrzelona.

STUDNICKI JULIUSZ
1 Transportzelle (Cela transportowa)
więzienie na Montelupich, 1942
akwarela barwna, pastele, papier, 32 × 42
PMO-I-1-444

SUCHANEK ANTONI
153 Fregaty
KL Auschwitz I (muzeum obozowe), 1943
akwarela barwna, karton, 29 × 17,5
PMO-I-1-225

SUCHECKI ANTONI
23 Häftling (Więzień)
KL Auschwitz I, 1940-1941
drewno, wysokość: 10,6
PMO-I-3-28
Figurka ofiarowana Anastazji Płużek z Brzeszcz w dowód wdzięczności za udzielanie pomocy więźniom.

SZAJNA JÓZEF
4 Apel trwał bardzo długo, bardzo bolały mnie nogi
KL Buchenwald, 1944-1945
tusz czarny, papier, 29,8 × 21
PMO-I-2-1348
19 Nasze życiorysy
KL Buchenwald, 1944-1945
tusz czarny, ołówek, papier, 29,8 × 34
PMO-I-2-1347
48 Blok 11 - wywołanie na rozwałkę
KL Buchenwald, 1944-1945
ołówek, papier, 21 × 29,8
PMO-I-2-1349
Rysunek stanowi reminiscencję autora z pobytu w obozie oświęcimskim, związaną z rozstrzelaniem 168 więźniów z tzw. grupy krakowskich plastyków. Postać na pierwszym planie symbolizuje rozstrzelanego rzeźbiarza Ludwika Pugeta (nr obozowy 33 164).

SZPARKOWSKI EUGENIUSZ
157 Rynek w Litomierzycach
KL Leitmeritz, 1945
tempera, papier, 28 × 39,5
PMO-I-1-446

SZYMAŃSKA LEOKADIA
159 Choinka
KL Auschwitz II-Birkenau, 1944
sukno, wstążka, drewno, papier, wysokość: 39,5
PMO-I-4-68

TARGOSZ FRANCISZEK

11 *Konie (ozdobnik listu obozowego)*
KL Auschwitz I, 1941
tusz czarny, piórko, papier,
16 × 11,5 (21 × 15)
PMO-I-5-18

TURALSKI LEON

130 *Portret Antoniego Urbańskiego*
KL Auschwitz I, 1941
ołówek, papier, 21,5 × 15
PMO-I-2-930
Antoni Urbański – nr obozowy 3629, ur. 13 I 1917 w Żywcu – przywieziony do KL Auschwitz 30 VIII 1940 transportem z Krakowa-Tarnowa. Pracował m. in. w kuchni obozowej. 28 IV 1943 skierowany na kurs kucharski do KL Dachau, skąd po 4 tygodniach powrócił do KL Auschwitz. W styczniu 1944 przeniesiony do KL Mauthausen-Gusen i tam wyzwolony 5 V 1945.

131 *Portret więźnia*
KL Auschwitz I, 1941
ołówek, papier, 17,5 × 12,5
PMO-I-2-931

132 *Portret Wilhelma Żelaznego*
KL Auschwitz I, 1941
ołówek, papier, 19,5 × 14,5
PMO-I-2-928
Wilhelm Żelazny – nr obozowy 1126, ur. 16 VI 1917 – przywieziony do KL Auschwitz 25 VI 1940 z Katowic. 14 IV 1942 zwolniony z obozu.

133 *Portret Czesława Jaszczyńskiego*
KL Auschwitz I, 1941
ołówek, papier, 14,5 × 9,5
PMO-I-2-936
Czesław Jaszczyński – nr obozowy 5696, ur. 12 VII 1917 w Bochni – przywieziony do KL Auschwitz 8 X 1940 z Tarnowa. W obozie był gońcem i portierem przy bramie „Arbeit macht Frei". W październiku 1944 przeniesiony do KL Sachsenhausen-Oranienburg. Zbiegł na trasie ewakuacji obozu i został wyzwolony 30 IV 1945.

UNKIEWICZ (GOŁĘBIOWSKA) JANINA

134 *Portret Stanisławy Rachwałowej*
KL Auschwitz II-Birkenau, 1943
ołówek, papier, 21 × 16
PMO-I-2-857
Stanisława Rachwałowa – nr obozowy 26 281, ur. 29 VI 1906 w Rudkach – przywieziona do KL Auschwitz 1 XII 1942 z Krakowa. Pracowała w Brzezince, m. in. przy rejestracji nowo przybyłych. W styczniu 1945 ewakuowana do KL Ravensbrück-Neustadt-Glewe i tam wyzwolona 2 V 1945.

135 *Portret Anieli Lassok*
KL Auschwitz II-Birkenau, 1943
ołówek, papier, 16,5 × 11,5
PMO-I-2-1253
Aniela Lassok – nr obozowy 22 181, ur. 26 III 1922 w Wodzisławiu Śląskim – przywieziona do KL Auschwitz 7 X 1942 z Lublina. Pracowała m. in. przy rejestracji nowo przybyłych więźniarek w Brzezince. W styczniu 1945 zbiegła na trasie ewakuacji obozu oświęcimskiego.

136 *Portret Ernestyny Lassok*
KL Auschwitz II-Birkenau, 1943
ołówek, papier, 15,5 × 12
PMO-I-2-1254

WALIŃSKI MARIAN

137 *Portret Franciszka Szasta*
KL Auschwitz III-Monowitz, 1943–1944
ołówek, papier, 21 × 14,5
PMO-I-2-868
Franciszek Szast – nr obozowy 18 730, ur. 9 IX 1913 w Rudnikach – przywieziony do KL Auschwitz 25 VII 1941 z Krakowa. Od 30 VIII 1943 przebywał kolejno w podobozach Sosnowitz I i Fürstengrube. W 1944 przeniesiony do KL Mauthausen.

138 *Portret Jana Wyki*
KL Auschwitz III-Monowitz, 1943–1944
ołówek, papier, 21 × 14,5
PMO-I-2-869
Jan Wyka – nr obozowy 128 897, ur. 10 V 1916 – przywieziony do KL Auschwitz 9 VII 1943 z Poznania. Pracował w podobozie Fürstengrube. W grudniu 1944 przeniesiony do KL Mauthausen.

WIECZORKOWSKI FRANCISZEK

27 *Praca przy walcu*
KL Auschwitz I, 1942
ołówek, papier, 21 × 27
PMO-I-2-720

ZADORECKI ROMAN

139 *Autoportret*
KL Auschwitz I, 1944
olej, tektura, 40,5 × 33,5
PMO-I-1-244
Portret znaleziony po wojnie na terenie b. obozu Auschwitz I. Autor, nie mając możliwości wysłania go poza obóz, ukrył obraz w magazynie z częściami żelaznymi na Banhofie.

ZADURSKI BOLESŁAW

151 *Bzy*
KL Auschwitz I, 1941–1942
kredki, papier, 48,5 × 35
PMO-I-2-865

ZLAMALL VLADIMIR

140 *Portret Eugeniusza Prusinowskiego*
KL Auschwitz I, 1944
ołówek, karton, 27 × 19
PMO-I-2-1180
Portret został wykonany w szpitalu więźniarskim i nielegalnie wysłany do matki E. Prusinowskiego w Wołominie k. Warszawy.
Eugeniusz Prusinowski – nr obozowy 139 278, ur. 20 XI 1920 – przywieziony do KL Auschwitz 25 VIII 1943 z Warszawy. W czerwcu 1944 przeniesiony do KL Buchenwald.

AUTORZY NIEZNANI

12 *Makieta rozbudowy obozu Auschwitz I*
KL Auschwitz, 1940–1944
gips, drewno, 101 × 172 × 9,5
PMO-I-8-221

13 *Przybycie transportu na rampę*
KL Auschwitz II-Birkenau, 1942–1944

ołówek, kredki, papier,
13,5 × 19,5, sygn. MM
PMO-I-2-417/13
Rysunki sygnowane MM (nr: 13, 14, 15, 17, 42, 43, 44, 46, 47, 52, 56) pochodzą z 22-kartkowego szkicownika, znaleziono je w 1947 w Brzezince na terenie męskiego obozu szpitalnego (odcinek BIIf). Były zabezpieczone w butelce, ukrytej pod belką w fundamentach jednego z baraków.

14 Na rampie
KL Auschwitz II-Birkenau,
1942–1944
ołówek, kredki, papier,
13,5 × 19,5, sygn. MM
PMO-I-2-417/15

15 Rozdzielanie rodzin
KL Auschwitz II-Birkenau,
1942–1944
ołówek, kredki, papier,
13,5 × 19,5, sygn. MM
PMO-I-2-417/14

17 Do gazu I. Do gazu II
KL Auschwitz II-Birkenau,
1942–1944
ołówek, papier, 13,5 × 19,5,
sygn. MM
PMO-I-2-417/7

18 Więzień
KL Auschwitz I, 1940–1944
drewno, wysokość: 8,5
PMO-I-3-54

36 Königsgraben (Rów królewski)
KL Auschwitz II-Birkenau,
1943
malowidło ścienne, 405 × 395
PMO-R1-433
Znajduje się w baraku nr 1 w Brzezince (BIb), w którym w latach 1942–1943 osadzono karną kompanię.

38 Falsch-Richtig. Bewachung eines kleinen Häftlingskommandos im Freien (Źle-Dobrze. Pilnowanie małej drużyny więźniów w terenie)
KL Auschwitz I, 1941–1944
litografia, papier, 29 × 22
PMO-I-2-422
Odbitka litograficzna wykonana w obozowej drukarni na polecenie władz obozowych dla celów szkoleniowych SS.

42 Wykonywanie kary
KL Auschwitz II-Birkenau,
1942–1944
ołówek, papier, 13,5 × 19,5,
sygn. MM
PMO-I-2-417/18

43 Bicie. Praca
KL Auschwitz II-Birkenau,
1942–1944
ołówek, kredki, papier,
13,5 × 19,5, sygn. MM
PMO-I-2-417/4

44 Znęcanie się w pracy
KL Auschwitz II-Birkenau,
1942–1944
ołówek, kredki, papier,
13,5 × 19,5, sygn. MM
PMO-I-2-417/12

46 Brzezinka, bloki 7 i 8
KL Auschwitz II-Birkenau,
1942–1944
ołówek, kredki, papier,
13,5 × 19,5, sygn. MM
PMO-I-2-417/6

47 Wyselekcjonowani
KL Auschwitz II-Birkenau,
1942–1944
ołówek, kredki, papier,
13,5 × 19,5, sygn. MM
PMO-I-2-417/11

52 Śmierć na drutach. Wieża wartownicza
KL Auschwitz II-Birkenau,
1942–1944
ołówek, kredka, papier,
13,5 × 19,5, sygn. MM
PMO-I-2-417/19

56 Wydawanie posiłku. Kuchnia
KL Auschwitz II-Birkenau,
1942–1944
ołówek, papier, 13,5 × 19,5,
sygn. MM
PMO-I-2-417/3

141 Portret Ludwika Kowalczyka
KL Auschwitz I, 1943–1944
ołówek, karton, 12 × 8
PMO-I-2-443
Kowalczyk Ludwik – nr obozowy 120 278, ur. 24 VI 1923 w Maksymilianowie – przywieziony do Kl Auschwitz 6 V 1943 z Łodzi. W październiku 1944 został przeniesiony do KL Buchenwald.

142 Portret Reinholda Puchały
KL Auschwitz II-Birkenau,
1942–1943
ołówek, papier, 27,5 × 19
PMO-I-2-437
Reinhold Puchała – nr obozowy 1172, ur. 17 VII 1919 w Choczewie Starym – przywieziony do KL Auschwitz 25 VI 1940 transportem więźniów z Sosnowca. Pracował w komandzie elektryków. W styczniu 1945 ewakuowany do KL Mauthausen-Gusen i tam wyzwolony 5 V 1945.

143 Portret Heleny Wierzbickiej
KL Auschwitz III-Monowitz,
1943
kredki, ołówek, karton,
17,4 × 13,5
PMO-I-2-1461

144 Portret Heleny Płotnickiej
KL Auschwitz I, 1941–1942
drewno, 27 × 19,2
PMO-I-3-57
Wykonany na podstawie fotografii przemyconej do obozu, ofiarowany H. Płotnickiej przez więźniów zatrudnionych w ogrodnictwie w Rajsku z wdzięczności za udzielaną pomoc.
Helena Płotnicka, ps. okupacyjny Hela – nr obozowy 65 492, ur. 22 X 1920 w Strzemieszycach – zamieszkała podczas okupacji w Przecieszynie. Działając początkowo samorzutnie, a następnie w szeregach Batalionów Chłopskich za pośrednictwem komanda ogrodników w Rajsku przekazywała do obozu lekarstwa, żywność, korespondencję oraz tą samą drogą odbierała meldunki i listy z obozu. Za kontakty z więźniami po raz pierwszy została aresztowana latem 1942 wraz z kilkuletnią córką Wandą. W maju 1943 aresztowana ponownie i osadzona w bunkrze bloku nr 11, a 20 X 1943 przeniesiona do obozu kobiecego w Brzezince, gdzie zmarła na dur 17 III 1944.

145 Portret Henryka Jończyka
KL Auschwitz II-Birkenau,
1942
ołówek, karton, 26,7 × 19,6
PMO-I-2-1438
Henryk (Herbert) Jończyk – nr obozowy 1505, ur. 17 VI 1920 w Opolu – przywieziony do KL Auschwitz 13 VIII 1940 z Katowic. Pracował m. in. w komandzie „Buna" oraz w obo-

zowym szpitalu w Brzezince. 30 IX 1943 zwolniony z obozu.

146 Portret Stanisława Chybińskiego
KL Auschwitz I, 1941–1943
ołówek, papier, 21,5 × 16,5
PMO-I-2-420
Stanisław Chybiński – nr obozowy 6810, ur. 20 XII 1905 w Kijowie – przywieziony do KL Auschwitz 4 XII 1940 z Krakowa. Pracował m.in. w komandzie mierników. 20 V 1943 podczas pomiarów terenu zbiegł w Skidziniu-Wilczkowice wraz z Kazimierzem Jarzębowskim i Józefem Rotterem. Po ucieczce wstąpił do oddziału partyzanckiego „Sosienki" (dowodzonego przez por. Jana Wawrzyczka), w którym pozostawał do zakończenia wojny.

147 Portret Alberta Frecke
KL Auschwitz I, 1944
gwasz, tektura, 19 × 15
PMO-I-1-172
Albert Frecke – nr obozowy 190 210, ur. 7 VII 1896 w Werningshausen – w latach 1938–39 był więziony w Naumburgu. W sierpniu 1939 przywieziony do KL Buchenwald, w lutym 1943 przeniesiony do więzienia policyjnego w Halle, skąd w październiku 1943 ponownie wysłano go do KL Buchenwald. W styczniu 1944 został przeniesiony do KL Lublin, a 28 VII 1944 do KL Auschwitz. W lutym 1945 przebywał w KL Mittelbau, a w marcu – w KL Bergen-Belsen.

161 Sarkofag
KL Auschwitz I, 1940–1942
drewno, 5 × 4,5 × 12
PMO-I-3-62
Eksponat znaleziony w latach 1946–1948 na terenie b. obozu Auschwitz I. Wewnątrz trumienki znajdowała się niedopalona część kości ludzkiej.

Spis treści

od redakcji 5
wstęp 7
aneksy 137
biogramy twórców 137
katalog 151

ZESPÓŁ REDAKCYJNY
JERZY DAŁEK
EWA PYTASZ
KAZIMIERZ SMOLEŃ
IRENA SZYMAŃSKA
TERESA ŚWIEBOCKA

TEKSTY
IRENA SZYMAŃSKA

FOTOGRAFIE
LIDIA FORYCIARZ
ADAM KACZKOWSKI
JERZY LANGDA
ZOFIA ŁOBODA

REDAKCJA TECHNICZNA
JERZY JAMBOR

KOREKTA
KRYSTYNA OCHOCKA

© COPYRIGHT BY PAŃSTWOWE MUZEUM
W OŚWIĘCIMIU 1989
ISBN 83-03-02679-8

Krajowa Agencja Wydawnicza
Katowice 1989
Wydanie I, nakład 30 000+350 egz.
Ark. wyd. 15,88, ark. druk. 10,58
Oddano do składania w lutym 1987 r.
Druk ukończono w kwietniu 1989 r.
Fotoskład KAW Warszawa
Druk i oprawa Zakłady Graficzne Dom Słowa Polskiego Warszawa
Zam. 3372/K/87. L-10.